宇航企业供应商全生命周期管理

袁 利 吴一帆 侯清锋 编著

科学出版社

北京

内 容 简 介

本书在对国内外供应商管理的先进理念、先进方法进行深入研究的基础上,结合宇航企业供应商管理的特点,总结提炼了宇航企业供应商管理的研究成果和应用经验,重点阐述了宇航企业的品类管理,战略寻源,供应商的识别、评估和选择,供应商质量管理,战略采购,供应商关系管理,供应商绩效管理,以及供应商管理信息系统的建设与应用的内容。本书力求做到理论和实践相结合,列举了大量的应用案例,为实现宇航企业供应商全生命周期管理提供理论和实践指导。

本书面向从事产品开发的管理人员和技术人员,可以供航空航天、船舶、兵器及其他相关领域的管理人员和技术人员参考。

图书在版编目(CIP)数据

宇航企业供应商全生命周期管理 / 袁利,吴一帆,侯清锋编著. —北京:科学出版社,2024.5
ISBN 978－7－03－078320－2

Ⅰ.①宇… Ⅱ.①袁… ②吴… ③侯… Ⅲ.①军工企业—供销管理 Ⅳ.①F416.48

中国国家版本馆 CIP 数据核字(2024)第 067017 号

责任编辑:徐杨峰 / 责任校对:谭宏宇
责任印制:黄晓鸣 / 封面设计:殷 靓

科 学 出 版 社 出版
北京东黄城根北街 16 号
邮政编码:100717
http://www.sciencep.com

南京展望文化发展有限公司排版
苏州市越洋印刷有限公司印刷
科学出版社发行 各地新华书店经销

*

2024 年 5 月第 一 版 开本:B5(720×1000)
2024 年 5 月第一次印刷 印张:11 1/2
字数:190 000

定价:90.00 元
(如有印装质量问题,我社负责调换)

前　言

　　供应商管理是集成供应链的重要组成部分,如何从供应商处获得优质的产品和服务,提高企业高质量发展的核心竞争力,以快速、高效地满足客户需求,支撑军工行业快速发展,是宇航企业一直在探索的重要课题。

　　经过几十年的发展,我国宇航企业进入战略转型期,产业规模快速扩大,研制任务空前繁重,市场竞争愈加激烈,宇航产品开发呈现出了"需求多、难度大、低成本、短周期"的特点,对于宇航企业采购和供应商管理提出了更高的要求,因此,需要进一步探索宇航企业供应商管理的内在规律,深化供应商全生命周期管理、优化采购业务流程、推动面向战略采购的转型,全方位推进宇航企业供应商管理模式创新。

　　北京控制工程研究所开展了一系列创新和实践,结合宇航产品特点,充分继承以往经验,引入供应商品类管理、战略采购、战略成本管控等先进理念,提出了宇航企业供应商全生命周期管理模式。

　　为了全面总结宇航企业供应商全生命周期管理的成果经验,系统推广其中的理论和方法,加强宇航企业供应商管理的研究和交流,编写团队撰写了本书,全书分为九章:

　　第一章为概论,主要介绍宇航企业供应商管理的复杂性、"多品种、小批量"的采购模式、产业化发展对供应商管理带来的挑战、供应商全生命周期管理的定义及内涵等内容;

　　第二章为品类管理,引入品类管理理念,并介绍品类管理定义及分类,通过制订品类管理运行手册,基于品类维度实现对供应商全生命周期的精细化管理,使得采购和供应商管理人员更专注于为组织创造价值的战略任务;

　　第三章为战略寻源,与企业内部相关部门合作识别寻源需求,并在品类战略牵引下,制订寻源关键决策;

　　第四章为识别、评估和选择供应商,在寻源战略确定后,如何进行供应

商初筛、准入评价及供应商试制等,选择优质的供应商进入供应库;

第五章为供应商质量管理,如何制订供应商质量管理目标,以及供应商质量改进等,包括产品保证要求管理、质量过程监控管理、质量验收交付过程管理等;

第六章为战略采购,在战略层面处理采购业务,制订战略采购业务流程,清晰定位战略采购和采购运营;

第七章为供应商关系管理,着重介绍供应商分类及对如何对供应商的组合管理,从战略层面与不同供应商建立良好关系,以及如何管理好业务合规与采购风险;

第八章为供应商绩效评价,介绍供应商绩效模型建立及绩效管理执行,如何通过供应商绩效改进推动交付改善,以及建立供应商的退出机制;

第九章为供应商管理信息系统建设及应用,介绍数字化转型浪潮下,信息化系统建设的必要性、目标、实施路径,并通过介绍某企业如何通过数字化采购来支撑战略采购。

编著本书时,作者有三个基本原则:其一,所有实践都有真实案例支持;其二,选取那些被证明有效且易于实施的实践;其三,所有案例具有一定普遍性,不仅仅只适用于宇航企业。

在实践过程中,作者发现,宇航企业供应商全生命周期管理,随着宇航产业从传统的定点分工模式,到型号项目管理模式,再到集成供应链发展的路径。同时,宇航企业在历史与发展进程中,深受社会、经济环境等因素的影响,每一家企业都有自身的历史和不同的社会环境与文化,生搬硬套是不可能的,也是不可取的。同样,也不可能选出一种工具、技术或流程,能在任何地方都发挥同样的效力。但有一点是确定无疑的,每一家企业都应建立适合于自身的供应商管理体系。我们期待读者能够通过阅读本书,对供应商管理有新的认知与收获。

书中相关理论和方法在推行和应用过程中,得到了北京控制工程研究所及中国空间技术研究院、中国航天科技集团有限公司等上级单位及相关部门的大力配合,并为本书提供了大量素材和实例。袁利、侯清锋、董峰负责撰写了第一章,吴一帆、赵晓宇、李栋负责撰写了第二章,刘思羽、赵寰宇、贾琼负责撰写了第三章,陈曦、朱琦、章程负责撰写了第四章,温瑞光、戈强、于文考负责撰写了第五章,吴一帆、侯清锋、梁丰爽负责撰写了第六章,侯清锋、赵晓宇、连宇负责撰写了第七章,袁利、肖静、龚喆负责撰写了第八章,赵晓宇、侯清锋、刘趁、刘雯负责撰写了第九章。此外科学出版社在本书撰写和出版过程中给予了大力支持,在此一并表示感谢。

　　本书在撰写过程中力求做到结构完整、概念准确、阐述清楚,但因宇航企业供应商全生命周期管理的理念及方法,在业界实践中也是一项具有创新性和探索性的工作,本书的内容难免有错误和疏漏之处,恳请关心和关注我国航天事业的各界专家、学者和广大读者给予批评指正。

作者

2023 年 12 月

目　录

第一章　概　论

美国供应管理协会(the Institute for Supply Management, ISM)认为：一个组织的成功取决于它比竞争对手更有效地获取和使用资源的能力。当组织关注其核心能力时,会将活动外包并依赖供应商提供其他的关键资源,如原材料、部件、服务和供应品。供应商管理不仅要具有使企业获取外协产品、设备和其他物资的一种运作层面的职能,而且也应该成为企业战略决策不可或缺的组成部分。有效的供应商管理是企业赢得竞争优势的重要保障和前提条件。

供应商管理是通过有效的管理手段与方法,改变传统的与供应商的对立关系,承认供应商作为对组织和交付价值的主要来源。通过与供应商的长期合作、互惠互利,保证稳定可靠的供应来源,实现双赢。企业供应商管理部门应与供应商合作,为供应商提供实质性、现场性、经常性的帮助。而供应商也努力为企业提供优质的服务,服务企业竞争优势的创造。许多著名的跨国公司在世界市场上的成功经验证明了供应商管理的重要性和必要性。

1.1　宇航企业供应商管理的特点

当前,我国宇航企业正处于快速发展阶段,还存在我国的国防实力与经济实力不相匹配的矛盾。强化宇航企业的主责主业,在高强密度研制、高强密度交付、高强密度列装的背景下,成为新时代宇航企业科研生产的新常态。"十四五"期间,国防建设迎来新一轮升级。宇航企业全产业链的供应商管理是当前迫切需要破解的重大难题之一。

1.1.1 宇航企业供应商管理的复杂性

宇航是复杂的系统工程,涉及学科领域广、技术难度大、专业面宽,产品构成复杂多样,需要大量协作配套单位的支撑。军工技术的发展、产品的质量与可靠性、进度与成本控制,乃至型号任务的成功,都与供应商紧密相关。据不完全统计,一个复杂的航天器一般有数千家配套单位一起协作,其中任何一家供应商的产品出现问题,都有可能会影响航天型号总体任务的完成。以航天型号发射为例,自 1999 年以来发生的 20 次重大失利中,有 9 次是由于供应商造成的,特别是近两年的几次失利,都是在协作配套方面出了问题。2016~2017 年,航天型号由供应商引发的质量问题共计 587 起,涉及 291 家供应商。

1.1.2 "多品种、小批量"的采购模式

宇航企业是典型的"多品种、小批量"的运营模式。产品需求的多样化,使多品种、单件小批生产模式成为主流。这种生产模式下,采购的特点如下。

(1)品类多:按照整机物料清单(bill of material, BOM)结构,逐级往下分级,从成品、半成品、元器件、原材料及工序、服务等,难以形成规模采购,采购成本居高不下,产品的综合竞争力在军工领域日益激烈的市场竞争形势中后劲不足。

(2)物料号多:几乎每个产品,都存在大量不同的物料号,导致采购需求发散、齐套率低。

(3)批量小:生产重复性低,供应商只能按照订单生产(make-to-order,MTO),单次采购成本高。

(4)供应商多:供应商的数量逐年递增,且无法统筹,供应商质量问题管控带来巨大挑战。

(5)采购周期长:向客户承诺的交付周期长;同时,会导致过量储备、库存压力大。

(6)采购渠道受限:由于国内供应链不成熟、国内基础产业发展受限等原因影响,导致采购渠道单一,单点供应商较多。

虽然如此,企业对采购与供应的安全性、稳定性,以及对采购成本精细管控,促使企业逐渐转向战略采购,通过构建现代企业的供应商管理体系,建立稳健良性的生态,逐步实现产业化发展。

1.1.3　产业化发展对供应商管理带来新的挑战

近年来,随着宇航产业的快速发展,对供应商管理带来新的挑战,企业运营模式也由"多品种、小批量"向产业化发展迈进。全球范围来看,面对老牌先进企业,我国的宇航企业仍有较大差距,而且不断有新对手的入场。对标欧美宇航企业,国内行业整体盈利能力和运营效率上明显落后,人均息税前利润差距普遍为三分之一左右。在国际市场,以 SpaceX 为代表的新兴航天企业迅速崛起。卫星年发射数量增长一个数量级,商业航天发展的新模式对传统宇航市场产生巨大影响。国内现有涉足商业航天的民营公司已超过 60 家,主要集中在卫星制造和火箭发射领域。随着技术逐渐成熟,民营企业可能在商业航天领域站稳脚跟,并逐渐渗入现有的传统宇航业务、新兴的军工业务。在这种情况下,以往的外协管理模式逐渐显现出不足,迫切需要推行科研生产转型以支撑企业核心竞争力的建设。

1.2　宇航企业供应商管理模式转型

进入 21 世纪以来,随着经济的快速发展和经济的全球化,宇航企业开始聚焦其核心能力,因此外包任务急剧增加;供应商越来越多地参与新产品开发,为宇航企业提供了大量的零组件加工、工序以及服务等,甚至提供了大量整机和系统集成。随着职责范围的不断扩大,小采购逐渐转变为大采购,供应商管理已经从被动的、战术性的外协配套职能转变为主动的、战略性的职能,在许多方面为组织增加价值。

【案例1】·—·

美国洛克希德·马丁公司 F‑35 战机供应链基本组成

全球最大的军工企业洛克希德·马丁公司,其第五代战机 F‑35 开发的 JSF 项目,是一个非常大的项目。F‑35 战机系统构成复杂,研制周期长,参与国家有 10 多个,涉及的全球供应商多达 1 500 余家(图 1‑1),核心的供应商有 332 家,美国本土 45 个州参与到该项目的研制。按照供应链业务范围可以划分为:管理、设计、生产、测试、材料、动力系统、机身系统、航电系统,以及零部件,其中零部件、机身系统、动力系统、航电系统是较为复杂的系统,参与的企业较多。整架飞机的每个部分均有不同的供应商进行供应。

虽然F-35战机的供应商多达1 500余家,核心的供应链形成了以美国主导、其他国家辅助供应的格局。从参与国家进行划分,美国最多,有200家核心企业,其他还有英国、澳大利亚、加拿大、意大利、土耳其等国家。虽然JSF项目由多个国家共同开发,但是在核心的、高水平的探测传感器和电子信息综合处理部分则一直由美国掌握。以航空电子系统为例,其中的核心关键部分技术难度大,主要由美国本土企业主导。从供应商的列表中可以看到,核心部件都是由美国本土公司完成,一些相关线缆才会外包出去。

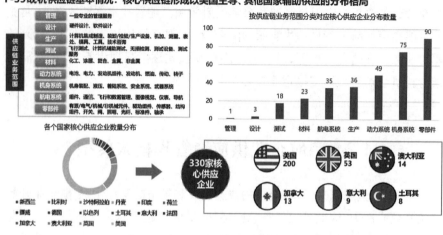

图1-1 F-35战机供应链基本情况
(数据来源:公开资料整理、洛克希德·马丁公司官网)

高德纳公司(Gartner)认为,供应商管理能力的建立与成熟,需借助相关框架以实施统一的管理模式(图1-2),从而完善和推动技术供应商管理,具体涉及以下方面:

(1)企业内部的供应商管理架构和治理结构的实施;

(2)供应商管理成熟度的差距评估和发展的路线图;

(3)供应商管理组织/部门的建立和职能定位;

(4)为数字化项目的业务敏捷性提供支持的模式流程;

(5)以营销思维推动供应商管理制度的落实;

(6)供应、成本、质量、可持续性等供应商管理价值指标的制订。

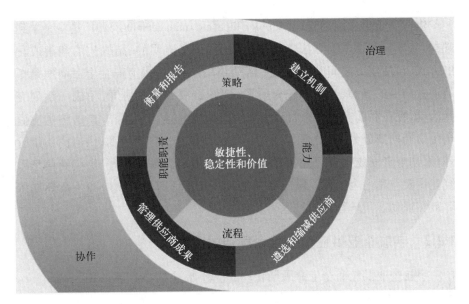

图 1－2　供应商管理能力的建立与成熟

（图片来源：Gartner 官网）

供应商管理模式转型是指通过转变科研生产活动的实施方式,通过优化业务流程、调整组织形式、引入先进工具,促进供应商管理能力整体提升,实现向现代企业的转变。

1.2.1　宇航企业供应商全生命周期的定义

随着供应链思想的出现,生命周期理论开始被引入到供应链管理当中。吴隽认为在以往的供应链研究中,大多进行供应链内部的各个职能范畴和结合最新的技术理论的研究,并没有将产品的整个过程与供应链结合起来。其文章引入产品的生命周期管理理论,将供应链划分为不同的阶段,并提出要注意前后阶段的关注内容和重点,制订符合的策略,并构建了以整个流程为基础的模型,用于制订供应链的策略。廉洁在 2007 年依据管理信息系统的思想,构建了以战略为基础,以运营体系为环节,并将持续改进的思想作为企业实施的基础,构建了供应链的生命周期模型。对于供应商关系维护的领域,生命周期理论涉及比较少。社会活动方面,在 2013 年的供应链管理的论坛上,组织者将生命周期理论引入供应商管理作为重要的内容进行讨论,旨在为此领域的研究提供新的思路,这是国内比较正式提到供应商生命周期管理的文献。

供应商全生命周期管理(suppler lifecycle management，SLM)是一个端到端的，从摇篮到坟墓的方法来管理供应商，一个透明的、结构化的和集成化的方式，包括双方之间的所有交互活动。具体来讲，供应商全生命周期是指从通过前期的寻源、开发和选择阶段，到开始双方采供协同，完成一系列交互活动，并在后期实现供应商的退出或者优化的整个过程。本书将供应商全生命周期划分为：采购需求寻源；识别、评估和选择供应商；供应商质量管理；采购与全面成本管理；供应商关系管理；供应绩效管理、供应商信息系统建设及应用七个方面。供应商全生命周期管理即是对供应商生命周期各环节实现动态闭环管理的过程。

1.2.2 宇航企业供应商全生命周期的内涵

宇航企业供应商全生命周期管理的内涵如图1-3所示。

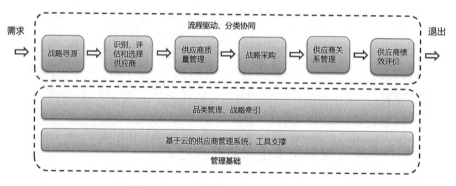

图 1-3 供应商全生命周期管理内涵

流程驱动、分类协同。构建和实施以供应商全生命周期管理为核心，基于流程驱动、分类协同的供应商管理模式；建立现代化的供应商管理体系，推动供应商管理从职能型向专业型转变；引入先进的采购理念与成本控制技巧，搭建先进的基于云的供应商管理系统，实现传统采购向战略采购转变；建立专业化供应商管理组织，培养专业化的采购与供应商管理人才，支撑供应商管理水平持续提升。

品类管理、战略牵引。基于品类开展供应商的全生命周期管理。宇航配套的复杂性，使得越来越多的宇航企业采用品类管理，用这种积极的、战略性的方法管理供应商。在未来，宇航企业进一步加强品类管理变得更加重要。通过制订品类管理运行手册，使得采购和供应商管理人员更专注于为组织创造价值的战略任务。

形成生态、实现双赢。越来越多的宇航企业,将供应商作为对组织和交付价值的主要来源,把它们设为采购战略管理的核心。通过双方建立长期合作关系,使企业与供应商逐步形成动态进退的良性循环机制,进一步将企业愿景与供应商发展紧密结合,提高合作质量,实现共赢。因此,贯通供应商、企业和客户的价值链,加强供应商管理,不断提高产品按时交付率、提高产品交付质量、降低采购成本,建立更高效的供应商管理体系,提升企业核心竞争力。

参考文献

廉洁,2007.供应链管理生命周期模型[J].学术交流,11:73-75.

邱春燕,2015.供应商全生命周期管理模型构建与应用研究[D].南京:南京大学.

吴隽,王世凡,任丽娟,2005.基于产品生命周期的供应链管理对策模型[J].黑龙江大学自然科学学报,22(1):81-84.

第二章　品类管理

　　品类管理是供应商管理的基础。

　　品类管理原本是指消费品供应商和零售商以品类为业务单元的管理流程。品类决策以消费者为中心，旨在为消费者创造优质购物环境，给消费者提供更多样化的产品选择，并能够在有效管理下增加销售业绩，维持零缺货，创造供货商、零售商与消费者三赢的局面。

　　品类管理的基本原理可以从三个角度来理解。站在消费者角度，品类管理可以更好地满足消费者多元化、差别化和不断增长的消费需求；从市场和竞争对手的角度来讲，品类管理可以帮助企业（特别是初创型企业）构建自身的竞争能力，帮助企业在白热化的市场竞争中找到突围的方法；从与供应商合作的角度，品类管理重新塑造了传统上游供应方与零售商之间的合作关系，使原本的采购合作变成战略合作，双方在同一立场以消费需求为导向，通过数据交换，实现信息的交流，提高双方的效率。总而言之，品类管理是与供应商加强合作实现共赢的重要基础。

　　品类管理在中国虽然有 20 年的发展历史，但整个市场对这个词的理解仍然不尽相同。有人认为品类管理是一种新的管理理念，强调它在日常经营里的指导性地位；有人把它作为一种新的经营管理模式，强调一种方法论；也有人把它归纳为商品管理的技能技术，强调专业性和实操性；还有人把它看作为一种经营策略，强调它的竞争性。针对具体竞争对手，指导企业展示优势，形成差异化特色。总之，品类管理是对消费者的需求进行有效的精细化管理的理念和方法。

　　许多企业正在通过引入品类管理为其组织增加更大的价值。麦肯锡公司的一项研究表明，制药行业中区分一家公司是否领先于其他公司，品类管理是重要因素。乔纳森·奥布赖恩（Jonathan O'Brien）一直推动品类管理及战略性采购方法的应用，并开发了 5I 品类管理流程（启动、市场洞悉、创新、实施及改进提高），建立了 5P（人员、精通、推广、回报和项目系列）治理方法,从而实现采购品类管理,提升企业采购能力。华为公司最早在 1999 年引入了品类管理,并建立物料专家团(commodity expert group, CEG)负责本物料族采购策略的执行。华为公司通过品类管理识别整个企业的开支并标准化采购管理流程。虽然战略寻源是品类管理的一个重要方面,但它也涉及监控和管理供应商绩效、风险管理、建立和维护供应商关系,以及改善供应商绩效。

2.1 品类管理定义

2.1.1 品类的定义

关于品类的定义,AC 尼尔森公司(AC Nielsen)指出,品类是将产品分类并与消费者感知有关的基于需求驱动和购买行为的理解相结合。菲利普指出品类是在满足客户需求方面被客户认可的,易于管理的产品和服务。Joel 和 Barry 认为品类是为更好地迎合消费者需求,并达到销售目的。王坤认为商品分类是将商品根据确定的规则和标准,分别将产品纳入不同的组别。品类就是指根据顾客的需求将商品分成各种各样的类别,每个独立的品类都表示消费者的某种诉求。郭凯认为品类是指某些商品因为具有相同的特质而相互关联并可以相互替代,从而形成一个品类。ISM 认为品类是"通常具有相似属性的相关商品、产品或服务的组"。

2.1.2 品类管理的定义

关于品类管理的定义,欧洲商品快速响应推动委员会认为品类管理重点在于零售商和供应商的共同合作并提升消费者价值。Joel 和 Barry 将商品品类视为战略经营单位,对品类进行管理能更好地满足消费者需求,并实现销售和利润的目标。张云和王刚认为商品品类是顾客消费的驱动力,品类战略可以帮助企业来摆脱对同质化、低价竞争模式的依赖。楚世涛认为品类管理要敢于突破同质化。"定位之父"艾·里斯提出了新的战略理念和方法——品类战略,即企业通过顺应趋势、革新品类、拓展品类、引导品类建立强大品牌的战略理念。宋雯婷指出,品类优化战略能助力零售企业发展,品类管理有三个关键点特别值得重视,即决策层对品类管理的支持、考核指标反映品类管理的要求、新的技术和信息系统升级。程莉、郑越认为,品类管理是消费品零供双方的长期合作。将品类作为其战略管理的基础单元,持续钻研消费数据并据以进行品类决策的过程。品类角色的科学化管理,能提升消费者满意度。刘玉平提出,品类评估应考虑商品是否受到顾客的欢迎。对品类的商品销售情况、库存商品、品类是否齐全、价格接受度进行分析和评估,然后进行改进,以达到效益最大化。陈幼红指出品类管理是与单品管理相对应的一种管理形式,它是以品类为策略性事业单位,在供应商和零售商的有效合作基础上,通过相关数据的搜集、整理和分析,充分开发与消费者需求相适应的产品,从而达到优化盈利能力的经营管理流程。郑越认为品类管理是消费品生产商、零售商的一种合作方式,是以品类为战略业务单元,通过消费者研究,以数据为基础,对一个品类进行数据化的、不断的、以消费者为中心的决策思维过程。ISM 认为品类管理是一个主动的过程,包括"监督和最大化一组相关商品、产品或服务的财务和运营价值"。

2.1.3　宇航企业品类管理的定义

宇航企业品类定义,其采购品类可分为物料品类、工序品类、服务品类三个基本类型。

(1)物料品类:具有相似属性的相关物料,按照产品结构包含整机、组件、零件、件组、原材料、元器件的组合。

(2)工序品类:具有相似属性的工序,如电装、调试测试、加工制造、表面处理等组合。

(3)服务品类:具有相似属性的服务,软件外包、设计外包、仿真外包、劳务外包、维修服务的组合。

品类具有唯一性,同一个物料、工序、服务,在系统中只允许对应唯一的品类。不同企业业务复杂度不一样,其品类分类、品类数量各不相同。

品类管理是一种以数据为驱动、以采购运营为支撑、使企业盈利的战略方法及实施流程,用于在总水平上制订和实施采购和供应商管理战略。品类管理人员通过建立品类管理运行手册,实现对品类的战略管控。

2.2　品类管理运行手册

品类管理的业务流程主要包括七个阶段:准备阶段、品类支出分析、供应商匹配及供应库优化、品类规划及实施、战略寻源、战略采购和品类复盘（图2-1）。

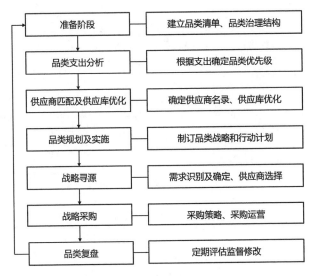

图2-1　品类管理运行手册

2.2.1　准备阶段

建立品类清单。企业要从品类维度开展供应商的寻源、准入、采购、绩效及退出等进行全生命周期管理,称为企业的品类管理。例如,长安汽车有632个品类,涵盖动力、底盘及机身、电气及内外饰三个基本组成部分。某企业通过系统梳理,建立了包含一级品类15项、二级品类244项的品类清单,如表2-1所示。

表2-1　某企业品类清单

类别	序号	一级品类	二级品类	序号	一级品类	二级品类
物料品类	1	单机	31项	4	元器件	46项
	2	组件	31项	5	原材料	21项
	3	测试设备	1项	6	工装胎具	2项
	共计：一级品类6项、二级品类132项					

续 表

类别	序号	一级品类	二级品类	序号	一级品类	二级品类
工序品类	7	单机生产	3 项	10	零件加工	43 项
	8	组件生产	12 项	11	特种工序	21 项
	9	电装固封	2 项	12	试验检测	27 项
	共计：一级品类 6 项、二级品类 108 项					
服务品类	13	软件研制	2 项	15	设备维修	1 项
	14	仿真分析	1 项			
	共计：一级品类 3 项、二级品类 4 项					
共计	共计：一级品类 15 项、二级品类 244 项					

建立品类管理的治理结构和决策机制。要设定品类管理（category management）岗位，一般要选择自身专业采购人员来担任。品类管理是采购与供应商管理的支撑，没有品类管理，采购业务就不能管理清楚。后面讲述战略采购和战略成本优化时，品类经理所应承担的角色，还会发挥极其重要的作用。一般品类管理的职能包括：

（1）品类定义及品类清单维护；

（2）品类规划，制订品类运行手册；

（3）供应商布局和规划等；

（4）采购策略及成本优化。

品类管理需要变革原有的寻源策略和采购策略，影响整个采购组织的所有采购活动，常常需要变更供应商和关系，企业内部相关部门必须理解并接受这些变化。只有在取得高层管理人员的支持，内部利益相关部门才有可能支持变革。因此，要建立品类管理的决策机制。在决策层面，建立由最高层领导主导和参加的供应商管理委员会，批准品类战略和实施计划，并对实施情况进行指导和监督。在执行层面，成立跨职能品类管理团队，负责制订和实施品类战略和行动计划。例如华为成立了专门的物料专家团，统筹每个品类的管理战略及实施计划。品类管理团队负责人协调整个流程，品类团队领导者必须能够进行战略思考，与企业高层、相关部门及供应商有效沟通，建立良好的合作关系。

2.2.2 品类支出分析

支出分析就是按照品类维度,对企业的历史支出进行分析,分析企业的采购交易数据,以确定在组织内采购什么、采购数量、采购价格、从哪个供应商采购以及由谁采购、什么时候采购等。因此,在品类管理过程中的第一步是对现有品类的支出情况进行分析,根据支出分析、对未来需求的评估、供应市场分析和品类细分,建立管理的品类并确定优先级。

从企业信息系统,例如企业资源计划(enterprise resource planning,ERP)管理系统、供应商关系管理(supplier relationship management,SRM)系统或者BI(business intelligence)数据分析系统中获取数据,并对这些数据进行交叉校对和验证,以确保数据的正确和准确。如借助帕累托分析工具(也称为ABC分析或80/20法则)可以识别支出最高的品类,通常大约20%的品类将占70%~80%的支出,分类为"A"类项目。通常,"B"类项目占支出的15%~25%,多数品类的支出占比不到10%,被归类为"C"类项目。还可用于确定哪些供应商在一个品类中占最高支出水平,哪些部门在采购组织中占最高支出水平。

图2-2展示了某企业支出类别的帕累托图,左竖轴是年支出的百分比,右竖轴是所有品类的累积支出百分比。上述支出分析提供了已发生支出的历史视图。外协年采购额前5个品类占外协总支出的61.89%,同时,确定了哪些类别的品类支出最高(表2-2)。

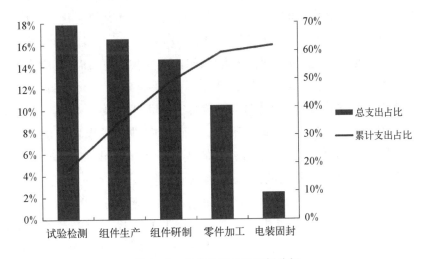

图2-2 品类支出的帕累托分析

表 2-2 品类支出分析

序号	任务类型	总支出占比	累计支出比	ABC 类
1	试验检测	17.84%	17.84%	A
2	组件生产	16.52%	34.36%	A
3	组件研制	14.67%	49.03%	A
4	零件加工	10.41%	59.44%	A
5	电装固封	2.44%	61.89%	A

品类管理具有前瞻性。品类管理要根据企业战略目标,评估未来的采购需求及未来的供应市场情况。例如,随着新产品的开发,未来会有哪些品类增加、哪些品类支出会降低,降本的重点在哪些品类等。

评估未来需求。例如,商业航天的快速发展,各种卫星组网建设节奏会明显加快,采购需求会有大的增长。另外,新产品的导入,也会影响采购需求的变化。例如,随着光纤陀螺产品的开发,光纤陀螺仪在性能指标、成本方面大大领先机械陀螺仪,光纤陀螺逐渐取代机械陀螺,因此机械陀螺品类未来支出会大幅下降,光纤陀螺可能是未来一个重要的采购品类,同时也要提前启动光纤陀螺的寻源。因此,在理解组织战略方向和目标的基础上,了解支出在未来可能的变化是非常重要的。

分析供应市场,了解未来供应安全。随着新冠肺炎疫情肆虐全球、中美等国际关系由合作走向竞争,整个供应链发生了巨大的变化。例如,芯片短缺造成汽车行业大规模停产,影响了 30% 的产能,并且这种影响可能持续数月。元器件流片时间由 12 周延长到 96 周甚至更长时间,陶瓷管壳交付周期由 12 周延长到 50 周,由于芯片短缺导致 MCU 价格上涨了 4 倍。随着电推进技术的成熟,对高纯度氙气的需求增加了 20 倍,虽然如此,总的需求在市场的占比仍然不高;然而 IC 行业的需求暴增也带动了对氙气的需求,此外俄罗斯和乌克兰的战争导致氙气供应萎缩(乌克兰是全球氙气原料的主要供应国),市场供应的减少、需求的旺盛增加,导致氙气明显出现了市场短缺,市场的价格两年内增长了 10 倍。因此,在这种市场环境下,对采购人员来说,是一个大的挑战。随着对供应市场的深入了解,确定品类的优先级并支持品类战略的开发,通常包括以下信息:

（1）预期的供应和需求变化；

（2）供应市场结构和竞争情况；

（3）总供应能力、产能利用率；

（4）该品类中的技术变化和创新。

对于许多采购品类，特别是涉及原材料、原材料含量高的零部件，供求关系会影响价格，例如，随着供应合同和需求的增加，价格通常会上涨。因此，了解影响供求的根本因素以及这些因素会如何变化是很重要的。

供应市场的情报，可以从供应商、公司和行业网站、行业组织的大型会议收集或获取相关信息。比如，中国物流与采购联合会采购与供应链专委会每年都会组织相关交流会，发布中国的 PMI 指数，发布行业发展报告，并组织政府相关研究机构，制订国家采购规范、采购标准等。

2.2.3　供应商匹配及供应库优化

品类清单建立以后，基于品类对供应商提供的物料或服务范围及能力进行定义。供应商通过"品类"认证，才能够为企业提供相关产品或服务；反之，采购时也需要根据采购的产品及服务，从具备相应供货"品类"资格的供应商处采购。品类清单建立以后，基于品类对供应商承接的任务范围进行明确和细化，使品类和供应商一一对应，建立品类和供应商的对应矩阵（表 2-3），形成供应商名录，并实现动态管控。根据供应商名录，可以清晰地看到每个品类对应多少个供应商，每个供应商对应多少个品类，识别是唯一来源、单一来源或者多来源供应商，为制订采购策略、供应商寻源战略、实现采购的结构化、数字化奠定基础。

表 2-3　品类与供应商矩阵

	供应商 A	供应商 B	供应商 C	供应商 D	供应商 E	类　别
品类①		●				单一来源
品类②	●		●		●	多来源
品类③	●	●	●	●	●	多来源
品类④		●	●			多来源
品类⑤	●			●	●	多来源

（1）唯一来源：只有一个供应商能满足需求。该供应商可能拥有独有的专利、技术、工艺、设备或者高级技能人员。企业高度依赖该供应商。这种情况在宇航企业比较常见。同时由于宇航企业对质量管控严格甚至苛刻，寻源新的供应商带来的质量风险、成本投入非常高，久而久之变成了瓶颈供应商，使得企业更加依赖唯一供应商。因此企业面临更高的风险，包括：价格上涨、质量问题、供应商产能限制或供应商财务问题、环保问题造成的供应中断。在这种情况，企业只能通过技术升级换代或者开发其他供应商，从而解决唯一来源问题。例如，上海市合成树脂研究所提供的聚酰亚胺棒材，是唯一供应商，可替代性差。2019 年由于环保问题生产线被关闭，导致缺料问题蔓延，虽然经过了多次寻源仍然没有找到合适的替代供应商。

（2）单一来源：将某个品类集中到一个供应商而不是多个供应商进行采购。有三种情况：战略供应商关系进行的战略采购；供应商参与企业新产品开发对其他供应商形成进入壁垒；高度依赖该供应商创新能力。很多宇航企业是历史上定点分工而形成的固定配套关系为单一来源，或者强势的客户指定供应商，成为单一来源供应商。

（3）多来源供应商：该品类由两家及以上供应商供货，供应风险较小。

供应库优化。依据品类计划对供应库进行优化：该品类要使用的供应商数量、优先供应商、供应商的地理位置、与供应商的关系类型及合同期限等，确定和保持适当数量的供应商。随着市场动态的变化和新产品的导入，供应库的规模也发生变化，例如产品创新的需求可能导致企业增加供应商，使得供应库规模变大。通过管理供应库，减少了认证和维护大型供应库所需的人力、物力和财力。一般来说，每个品类对应的供应商在 3~6 家比较适合，既保证了品类来源的多元化，又减少了管理成本。同时，基于供应链风险考虑，作为供应基础优化的一部分、品类实施计划会处理单一寻源、双重寻源、多重寻源采购或平行寻源的问题。因此，基于品类开展一般供应商数量压缩，提高交付管控能力、降低采购成本，实现供应商结构与资源优化。

例如，某企业通过对基准镜支出情况梳理（表 2‑4）。该品类对应 5 家供应商，每个供应商的采购额度都不高，并且交付质量参差不齐、价格差异较大。通过整合采购策略、调整供应库，压缩供应商数量，该品类对应的供应商由 5 家供应商减少至 2 家，按时交付率提升了 30%，采购成本下降了 16%。

表 2－4 基准镜供应库优化

投产部门	品　类	年采购额（万元）	现有供应商	整合后供应商
事业部 A	K9 基准镜 KW 基准镜	120	供应商①、供应商②	供应商④、供应商⑤
事业部 B	K9 基准镜	50	供应商③	
事业部 C	K9 基准镜	70	供应商③、供应商④、供应商⑤	
事业部 D	KW 基准镜	40	供应商①、供应商④、供应商⑤	

2.2.4　品类规划及实施

确定品类优先级。卡拉杰克矩阵法是卡拉杰克于 1983 年提出的一种分类方法。该方法涉及采购价值和供应风险两个重要的维度：采购价值包括材料采购金额比、对产品的影响程度等；供应风险包括供应市场的复杂性、材料的可获得性和可替代性、供应商供给垄断等市场条件。

依据这两个维度将采购品类分为四个类别：战略型品类；瓶颈型品类；杠杆型品类；一般型品类。具体分类情况如图 2－3 所示。通过对品类按照卡拉杰克矩阵法进行细分，从顶层对品类进行规划，以确定品类管理的优先级。

图 2－3 采购品类矩阵结构图

1. 战略型品类

高采购价值，高供应风险。此类是采购金额较大，供应风险也较高的物品。此类品类是需企业花费主要精力去管理的物料。不管是从成本上还是从风险上来说，它都会直接影响企业的生产经营和战略发展。因此，战略品类需要被重点关注，它是企业进行品类管理的重中之重。此类品类的供应商同样也是需要企业重点监控和评估的供应商。企业需与供应商建立战略伙伴关系并积极合作。

2. 瓶颈型品类

低采购价值，高供应风险。此类品类的特点是采购金额不大，但供应风险很高。供应风险一般情况是供应商是处于垄断地位的供应商。采购方订单较小,没有话语权,在市场供给吃紧的情况下,采购方处于供应危险状态。或者是采购方严重依赖供应商的技术、产品。此类品类在供应商管理上,要注重和供应商稳定关系的建立,并要增加外部寻源,寻找潜在可替代供应商,以降低供应风险。在绩效管理方面要注重产品交付,以及对供应商未来供应情况的信息预测,还要扩充合格供应商的数量,确保供应连续性。

3. 杠杆型品类

高采购价值,低供应风险。此类品类的特点是采购金额较大,供应商可选择性也大,供应市场具有足够的竞争性。采购可以通过此类物品获取杠杆价值。在采购战略上此类品类多适宜招投标采购方式以充分发挥市场竞争环境的作用。在供应商管理方面,供应商选择更加侧重考虑供应商产品的价格市场竞争力。同时,要注意合并支出,保持少数供应商但维持竞争。

4. 一般型品类

低采购价值,低采购风险。此类品类的特点一般是总采购支出很低,供应商可选择性大,但采购数量和种类很大,例如,标准件采购、普通机械零件加工等。但这类品类一般不是物料管理的重点,因为此类品类可以带来的增值价值很低。此类品类应该尽量简化供应商管理,减少供应商管理耗费的资源。部分品类可以考虑采购外包,或者品类不通过采购部门供应,而是授权品类使用部门直接采购。在供应商绩效评价主要侧重产品交付和质量。企业要简化和自动化寻源流程。作为企业,要更多关注有效品类管理所带来的机会,为组织增加价值。

制订品类战略。品类管理人员根据每个品类的支出分析、未来需求和供应市场分析的结果,描述品类的具体战略和行动计划,制订品类的"行动手册"。品类计划的实施是根据经营计划实施品类管理的过程。为保证计划的实施质量,首先要在供应商的管理体系中建立一个品类经营计划的审批标准;其次是要建立严格的审批过程,确保所有与品类实施计划有关的内部相关人员与供应商发挥其能力。通过实施品类经营计划的过程,能够发掘出品类管理潜在优势。

2.2.5 战略寻源

供应链风险已上升到企业的战略管控上,识别并解决供应链风险是供应商管理团队永恒的命题。根据品类战略和实施计划,制订寻源战略,满足企业战略的同时,解决供应链风险。

单一寻源提高了与供应商的信任、信息共享和协作。单一寻源的好处是:质量改进、协作流程简化取得竞争优势、联合排程计划、物流复杂性低、早期供应商参与产品或服务设计、联合成本和定价有利于规模经济、供应商更愿意分享创新等。宇航企业传统的协作配套关系,基本都是单一寻源。单一寻源有助于双方协作,因为供应商不会太担心自己的想法和创新被竞争对手得到。一直以来,美国苹果公司采用单一寻源。在经历了与韩国三星公司在显示屏的诉讼、与高通公司在基带芯片合作方面的多年的争议之后,终结了延续多年的单一寻源策略,转向了双重寻源策略。双重寻源是指将大部分业务给一个供应商,其余业务给第二个供应商。在军工领域,对于单一来源采购的审计风险越来越大。作为采购主体,军方用户也在大力推行双重寻源、多重寻源,以降低采购成本保证供应安全。平行寻源是针对某一个组件使用单一来源,使用不同的供应商来提供相似但不完全相同的产品,这样可以减少对单一供应商的过度依赖。平行寻源在汽车行业应用较多。

多重寻源是指将某品类按份额在两个或多个来源采购,使用多个来源可以消除供应中断的风险,因为某个供应商的问题不会影响其他供应商继续向企业提供产品或服务的能力。多重寻源是确保企业不会过度依赖供应商。很多企业通过多重寻源,引入更多供应商进行竞争性采购,在降低供应风险的同时降低采购价格。在武器采购领域,客户一直在推动竞争性采购。多重寻源特别适合高支出、低风险的采购品类。其带来的问题是,供应商数量会很多,管理成本高,同时与供应商之间难以建立长期关系。

2.2.6　战略采购

根据业务需求制订符合组织目标的品类策略,并根据品类策略制订相应的采购策略。业内比较经典的分类方法有两种:一种是卡拉杰克矩阵法,将采购品类分为战略型品类、瓶颈型品类、杠杆型品类和一般型品类,然后再制订相对应的采购策略,该方法一直延续到现在,仍然是采购人员必须学习的经典案例;另外一种是由咨询公司科尔尼公司(A. T. Kearney)于2008年提出的"采购棋盘"(The Purchasing Chessboard TM)。

1. 基于二维卡拉杰克矩阵模型的采购策略制订

基于二维卡拉杰克矩阵模型,根据不同品类特点选择相应采购策略和设计相应采购流程,如图2-4所示。

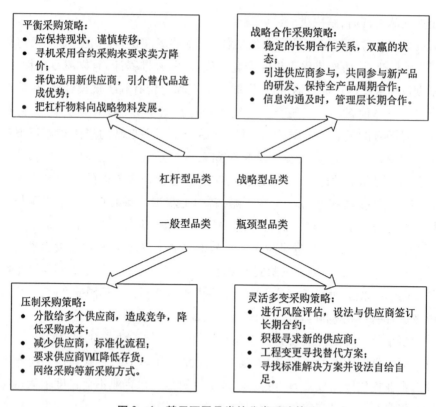

图 2 - 4 基于不同品类的分类采购策略

当采购品类是战略型品类时,因为其品类供应风险和品类价值都比较高,该类品类直接决定了公司产品在市场上的竞争力。这类品类买卖双方势均力敌,相互依赖性很高,建议采用 VMI 采购策略,与供应商保持战略合作伙伴,保持双赢的状态,信息及时沟通,管理层长期合作等。引导供应商早期参与公司的产品开发,共同参与新产品的研发、保持产品全周期的紧密合作。当采购品类是杠杆型品类时,虽然这些品类的采购价值较高,但相应的供应商风险不高,建议可以采取平衡采购策略。通过保持相当适量的安全库存,可以寻找合适的机会来和供应商进行谈判获得更有利的价值。若交货正常则应保持现有采购方式,若有供应商发生延迟交货或品质异常,企业可以通过招标采购、目标定价等一些策略选择比较好的新供应商,替代比较不利的来源,引入替代品造成优势,努力把杠杆品类向关键品类发展。当采购品类是瓶颈型品类时,由于其品类供应风险高,品类价值比较低,企业在瓶颈供应商面前没有优势,甚至是处于弱势地位。建议采取灵活多变的采购策略,尽可能通过签过有效的长期合约和供应商保持长久的合作关系。在设定一定的安全库存的同时,通过改变供应方式和积极开发新供应商来设法改变现状。也可通过相关的工程变更,改进工艺或者改进流程,减少这类品类的使用,同时积极寻求替代品使其标准化来获取较低的采购成本。当采购品类是一般型品类时,这类品类在市场上买方占优势,品类的采购价值不高,同时相关的供应风险也不高,不会给生产带来重大的供应风险。该品类的供应商多且获得性高,对于采购人员来说不用花费太多的时间和精力,建议可以用压制采购策略,通过谈判及工程变更的方式对供应商进行适当施压以达到降低采购成本的目的。除了与现有的供应商交易外,对其他潜在供应商需保持开放态度。采购用 VMI 的采购策略要求供应商提高送货次数来降低库存。

2. 基于"采购棋盘"的采购策略制订

为了帮助采购专业人士更好地掌握采购工具,科尔尼公司根据全球 500 多个采购项目经验以及该公司积累的数千个项目经验,开发了"采购棋盘"。"采购棋盘"已被证实直观易用,适应于各个行业、各种采购品类、各个地区,已成为全球各大公司的主要采购决策工具之一。

完整的采购棋盘基于供需双方的力量对比关系,有三个立体层次,如图 2-5 所示。

(1) 4 种采购策略(Strategy):采购部门可以用来与管理层进行策略层面的沟通、开辟新局面。

(2) 4 种策略对应 16 个采购方案(Lever):每种采购策略分别衍生出 4 个采购方案。这些采购方案工具在部门间的沟通讨论上非常有用,可用于部门间达成一致意见开展业务并做组织动员。

(3) 继而又衍生出 64 种采购方法(Method):每种方案又分别衍生出 4 种采购方法,64 种采购方法形成了实际的棋盘,为采购部门在执行中提供了可操作的工具。

利用"采购棋盘"这个工具,可以从大局着手分析、层层递进,把复杂的问题逐渐具象化、简单化,最终落实到简单有效的实操层面,可以让使用者在复杂多变的经济环境中,用简单的方法达到最大利益。

宇航企业的供应商分布比较广泛,每种品类的重要性、采购金额各不相同,在采购中除了考虑材料的价格、质量、交货期、交货的及时性等之外,还需考虑企业自身在品类行业的地位,市场的供求关系,与供应商的供应关系等。这些问题都是企业在制订采购策略时所需要考虑的重要因素。制订出

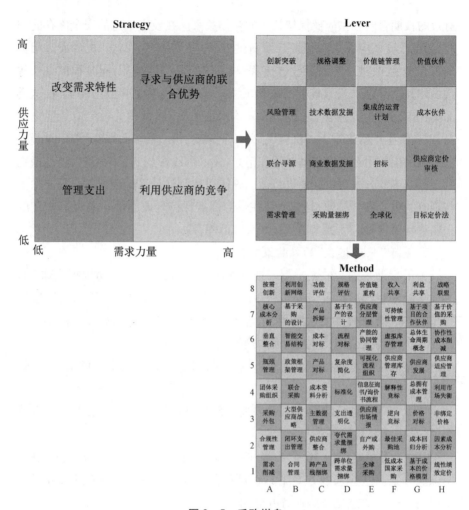

图 2-5　采购棋盘

来的采购策略将成为采购人员执行工作的行动指南。特别是对成本影响比较大、附加值高的品类,建立相应的采购策略就显得尤为重要。通过对品类结构细分和供应商市场的考量,如果用不变的采购策略来采购不同特性的品类,这样会给企业的供应体系带来很大的供应隐患,给企业带来措手不及的风险。为了更好地降低这些供应隐患,针对不同品类的物性,设计出基于不同品类的特点的采购策略。

2.2.7　品类复盘

品类复盘就是根据供应商绩效情况及采购过程中品类策略的执行情

况,分析采购策略的合理性和可操作性,对品类整体结构进行再次评估。发现问题,寻找原因,为进行新一轮的品类管理提供目标和依据。总而言之,品类管理的思想就是将所采购的所有品类进行细分,并将每一品类作为基础活动单元来开展其采购和供应商管理。整个品类管理的过程可以理解为一个 PDCA 流程,从定位—策略—执行—回检,再循环整个流程。通过不断数据挖掘,顺应变化,满足客户需求,缩短供应链条,以提高效能。

总之,品类已经越来越受到各企业的重视,未来各采购组织会进一步加强品类管理。随着企业数字化发展,电子采购的广泛应用,日常采购活动转向数字化解决方案,实现从采购到付款的自动化流程。供应商管理专业人员将会更专注于能为组织创造价值的战略任务。品类管理运行手册是帮助加速这种转变的一个工具。

2.3 基于品类的供应商精细化管理

根据品类清单,进一步细化采购和供应商管理业务,促进相关人员对供应商供应能力的统一理解和使用,实现采购业务的标准化和结构化,进而提高产品采购效率和效益,提升精细化管理水平,如图 2-6 所示。

2.3.1 基于品类开展准入认证

按照品类选择准入流程类型,并对供应商进行资质审查、现场审查,审查通过后成为邀请供应商;制订试制计划并进行工艺交底、传递执行规范及产保要求,物料认证通过后,成为合格供应商;供应商新增品类,要按照供应商准入流程重新认证,品类变更要走变更流程。

图 2-6 基于品类开展供应商精细化管理

2.3.2 基于品类制订供应商产品保证管理措施

为加强外协产品保证管理活动面向任务的针对性、有效性,按照供应品类,在供应商试制、产品保证要求、生产数据采集、验收、质量信息传递等通用化管理流程之下,分别针对零件加工、电装固封、组件生产、单机生产等品类制订新品试制、生产基线控制、现场监造、强制检验等制订控制措施。针对不同任务类型对控制措施进行分类组合,建立外协任务类型及控制措施管理矩阵,通过差异化解决方案实现分类管理。

2.3.3 基于品类开展绩效评价

以品类维度,细化量化供应商绩效评估因子,设定量化的具体评价指标,实现评估后数据量化,并在供应商关系管理系统固化,利用系统收集过程数据,通过绩效模型获得 KPI 考评数据,确保绩效评价结果准确客观。

参考文献

巴里·伯曼,乔尔·R.埃文斯,2002.零售管理[M].第 7 版.吕一林,译.北京:中国人民大学出版社.
陈幼红,2015.提升我国零售业品类管理能力[J].现代企业(1):17-18.
程莉,郑越,2009.品类管理实战[M].北京:电子工业出版社.
楚世涛,2018-12-24.品类管理要敢于突破同质化[N].21 世纪药店,A07.
菲利普·科特勒,凯文·莱恩·凯勒,2003.营销管理[M].梅清豪,译.上海:上海人民出版社.
郭凯,2017.连锁药店品类管理研究[D].武汉:武汉工程大学.
克里斯蒂安·舒,罗伯特·克罗摩萨,迈克·F.斯觉摩,等,2009.棋盘博弈采购法:64 种方法消减成本[M].李瑞,王春华,译.北京:中国物资出版社.
刘玲,2014.跨国公司采购策略研究[D].上海:复旦大学.
乔纳森·奥布赖恩,2017.采购品类管理——使企业盈利最大化的战略方法及实施流程[M].第 3 版.蒋先锋,庄莉,译.北京:电子工业出版社.
宋雯婷,2008.品类优化战略助力零售企业发展[J].信息与电脑(3):48-51.
王坤,2015.浅谈品类管理与策略[J].山东纺织经济(9):22.
张云,王刚,2009.品类战略——中国企业如何创建品牌[J].销售与市场(3):1-19.
张云,王刚,2017.品类战略[M].北京:机械工业出版社.

第三章　战略寻源

　　供应商全生命周期管理首先从识别寻源需求开始,然后根据品类战略制订寻源关键决策。根据企业当前能力需求计划及未来能力需求计划,寻源人员与需求部门一起,充分识别企业未来需要哪些资源,具体到哪些品类,然后根据品类管理运行手册,制订寻源策略,寻找合适的供应商。战略寻源对识别、评估和选择供应商的决策起着重要的指导作用。通过战略寻源,企业可以节约成本,缓解供应链风险,同时能更好地协调业务目标和寻源流程。

3.1　战略寻源流程

　　所谓战略寻源,不是一次性的活动,而是以品类战略为驱动,了解企业自身业务的发展及变化,前瞻性地识别和规划寻源需求,对供应商进行选择和管理。战略寻源包括四个阶段(图 3 - 1) : 寻源需求识别、寻源决策、寻源决策执行和持续改进。

图 3 - 1　战略寻源流程

3.2　寻源需求识别

3.2.1　了解组织目标

　　在寻源之前,首先要了解组织长期战略和目标,识别供应链中长期能力规划及需求,提前开展产业链布局,识别能力差距形成寻源规划;其次取得高层领导支持。高层管理团队是批准或推动寻源策略实施的重要决策者,寻源岗位人员应积极与其传达通过寻源创造的价值并得到他们的支持。除了高层管理团队和寻源需求提出部门,其他内部利益相关者(例如质量、检验、经营、财务等部门)也会受到寻源战略的影响,例如供应商的质量会影响产品质量、质检部门的工作量,其交付周期会影响财务、经营规划等,因此需要全面了解寻源战略对内部利益相关者的影响,避免寻源策略的制订或推行受阻。最后,与内部利益相关者达成一致。全面了解产品特性与产品所在生命周期后与组织内部利益相关者就组织目标达成一致。目标一致后,寻源岗位人员需要结合自身专业知识与详细的采购要求为组织定制寻源策略,作为之后寻源工作的执行依据。寻源岗位人员需要不断与组织内部利益相关方接触,掌握内部产品特性、采购要求、组织目标以制订正确的寻源决策。

3.2.2　需求对接

寻源岗位人员应主动对接内部供应链管理人员,了解目前甚至未来的生产需求及投产计划,并结合对已有的供应商产能情况进行判断,是否能满足当前或未来的需求。如果预测未来需求增加或者出现产能冲突等情况,已有的供应商确认无法满足时,寻源岗位人员应及早做出应对策略,与利益相关方提出寻源建议,提前制订寻源策略。在这种情况下,无论是引进新供应商还是要求原有供应商提高产能都会影响目前供应商的利益,所以寻源岗位人员不仅需要接触新供应商,还需持续与原有供应商沟通,保证稳定的合作关系。

3.2.3　需求类别

寻源需求的识别离不开对采购需求的认识,一切始于需求,业务需求定义得越清楚,输出的结果就越符合目标,特别是要区分需要的和想要的。准确了解采购需求从而了解客户的需求,这样才能调用最适合业务现实的资源。内部的采购需求通常以提交采购申请单的方式传达到供应管理部门,采购申请单应包含一切可以描述所需的产品和服务,如品类、物料描述、数量、需求日期、质量要求、限价要求等。供应管理部门可根据供应市场信息或对以往采购项目的经验对采购需求进行合理化建议。

寻源需求的类别可以从需求来源进行划分,寻源需求通常来自四个方面:

(1)基于企业战略规划,每五年中长期规划,为提升产品竞争力实现组织的战略目标,规划出未来能力建设需求,寻源人员应及时识别并提出寻源需求;

(2)供应商管理部门通过品类规划、供应商产能规划及供应商布局等,识别并提出寻源需求;

(3)供应链运营部门根据目前订单/预测订单,现有供应商产能不足会影响交付,通过供应商开发或通过寻源来满足能力需求;

(4)新产品导入期,寻源岗位参与 IPD 产品早期设计阶段,了解需求部门产品战略,在设计阶段考虑未来量产对采购的需求,提前识别寻源需求。

重复采购又分为 MRP 采购、费用化采购和新产品开发过程中的项目采购:

MRP 采购。重复采购即日常的重复性购买,对信息化程度较高的企业来说电子采购申请是一个较为高效传达需求的方式,一般通过搭建产品 BOM 和物料需求计划(material resource plan,MRP)触发采购申请,例如,通过 BOM 将产品拆分成组件或零件级别及相应的生产方式、周期等信息,通过 MRP 运算即可根据需求时间按序释放电子采购需求。电子采购申请的内容通常遵循标准格式提供生产一个单位成品所需的所有物料的数量清单和描述。

费用化采购。费用化采购主要针对的是没有明确物料代码的采购申请,在宇航企业中这种采购需求描述模式通常适用在外协外包的采购业务中,例如可靠性试验、印制板生产、电子装联、装配等工序服务等。这些采购需求通常伴随产品的生产过程、客户具体需求制订,重复性低,很难用物料代码进行固化,因此需要内部需求方人工创建采购需求传达到供应部门。即使是手工创建的采购需求,可以制订制式的模板确认此种采购申请包含的全部内容,具体模板可参考表 3-1。

新产品开发过程中的项目采购。考虑到前端对采购需求的说明与判断会直接影响后期的寻源决策。如果供应部门可以提前参与新研产品开发,作为跨职能团队与内部需求方协同工作,在需求确定的过程中提供专业建议,分析评估甚至削减不必要的需求,让现有供应资源最大化满足当前需求,避免非必需供应商的加入,节约采购成本,保证交货周期。例如要求供

表 3 - 1 费用化采购申请表模板

费用化采购申请表模板			
状态		采购组	
请求的项目		申请者	
科目分配类别		需求跟踪号	
项目类别		所需供应商	
物料		固定的供应商	
短文本		供货工厂	
申请数量		采购组织	
计量单位		框架协议	
交货日期种类		基本协议项目	
交货日期		采购信息记录	
物料组		MPN 物料	
工厂		库存地点	

应管理部门参与每一次新研产品讨论会,设计师要求定制某零组件,但已有的通用零件即可满足需求,那么采购这一零件的成本就会降低。当然,这种跨职能团队组建的形式是多样的,既可以让供应管理部门人员加入新研产品开发部门工作,例如参加新研产品讨论会,也可以请工程师或设计师参与供应管理部门的工作,了解现有的供应商资源情况。

3.3 寻源需求决策

在采购需求明确后,接下来就需要制订寻源策略,寻源策略不仅需要满足采购需求,还需要和品类规划目标一致且要包含很多明确的供应商选择指向。例如,选择组织内部供应还是外部;选用目前已有的供应商还是寻找新的供应商;选择本区域的供应商还是向省外延伸寻找;供应商资质、能力及特征需要哪些等。供应管理部门需要就这些做出决策,这些决策会影响组织供应链的稳定,单一寻源会导致组织过于依赖某一供应商,多重寻源虽然可以解决这个问题,但相对也会增加管理成本和时间成本。

3.3.1　自制与外包决策

当组织需要资源满足需求时,组织有能力自制也可向外部供应资源进行采购,这个问题需要供应商管理部门做出决策,在专业领域内这被称为自制、购买或内购/外包决策。一般生产资源所需的活动分为核心活动、支持活动。核心活动是竞争优势的来源,通常在组织内进行;支持活动是创造价值所必需的,但不是组织业务的核心活动,内购或外包决策通常基于对优点和缺点的彻底分析,经过盈亏平衡分析比较生产成本和购买成本再进行决策。除此以外,内购/外包决策是战略性的,组织高层管理团队在综合考虑战略问题和成本因素之后做出决策。必须考虑如下战略问题。

(1)技术或能力的获得,某种特殊工艺或设备才能满足目前采购需求,这种特殊工艺或设备只能通过外包实现。

(2)供应链风险:此活动外包是否造成产品供应链过于依赖外部环境,导致供应风险加剧,此种程度的供应风险是否可控。

(3)总拥有成本(total cost of ownership,TCO):在交易过程中,内购和外包的总成本差是多少,目前预算水平是否能支持外包活动,TCO包括供应商选择、供应商资格认证和管理供应商关系、交易成本、物流成本、库存成本等。

(4)生产周期考虑:统筹考虑自制或外购的生产周期是否能满足需求,尽量平衡成本和生产周期之间的关系。

(5)劳动力考虑:过度的活动外购是否会导致内部生产力空虚,会不会导致组织内部人员波动或者造成组织内部工作能力难以提升。

以上都是在制订寻源决策时需要考虑的因素,当然根据采购需求的不同供应管理部门可能还需考虑其他因素,如知识产权、商业秘密等。

3.3.2　现有供应商与新供应商引进

若经组织决策使用外部供应商时,摆在供应管理部门前的问题就是选择现有的供应商资源还是开发新的供应商,每种情况都会带来优势,但也存在风险(包括交付、质量、成本风险)。许多因素将影响此决策,例如产品复杂性、技术变革、需求紧急程度、质量目标、成本与价值、供应能力、供应商关系等。使用现有供应商的优势包括：

（1）避免了前期供应商资质考察和认证，可以快速进入需求沟通阶段，能够在短期内满足需求，减少时间成本；

（2）深化与已有供应商的合作关系，合作越长久，供应商越愿意配合节约成本或投资创新；

（3）现有供应商对组织目标及战略更为了解，与组织成员配合默契，流畅的合作过程。

劣势包括：

（1）组织可能与新技术失之交臂；

（2）过度依赖某一老供应商，导致组织在合作关系中处于被动；

（3）供应库内的供应商单一化，没有备份，供应安全得不到保障。

如果现有供应商不能满足性能要求、缺乏竞争力、没有所需要的能力或产能时，新供应商引进势在必行。新供应商的加入就好比供应库内的新鲜血液，可能为组织带来新技术、新模式，也可能为供应库引入竞争机制，激励原有的供应商与新供应商进行角逐。风险与机会共存，与新供应商沟通时需要谨慎，让新供应商充分理解组织需求可以使用寻源需求规格说明等方式传递需求信息，以免出现产品交付与需求不符导致供应中断的情况。

无论选择现有供应商还是新供应商，保持供应的连续性都是重中之重。风险管理、应急机制、生产备份、生产计划和质量控制都是避免供应中断的有效措施。寻找新的供应商并不能解决全部的供应问题，在某些情况下与现有供应商合作保持供应才是最优选择。

3.3.3　大供应商与小供应商

寻源决策时，选择大供应商与小供应商也是需要重点考虑。在满足供应需求的情况下，选择大的供应商或者小的供应商，既要和实际需求进行匹配，也要关注供应商未来成长的潜力。一般来说，小供应商可能比大供应商更有能力和意愿提供特殊某些商品或服务，特别是定制的产品或服务，也比较容易管理，需方的话语权更大。与大的供应商在合作时，可能会获得更多额外的资源。在美国，许多私营、公共和非营利部门组织都制订了政策，以保持一定比例的小型、多元化或历史未开发业务的供应商。我国也制订了很多军民融合政策,鼓励民营企业、小微企业参与军工发展。因此,选择供应商时,也要制订小供应商的寻源和开发计划。

3.3.4 寻源决策工具

寻源决策是借助科学的管理工具,这样往往会事半功倍,做出正确的决策。供应链管理领域,比较常用的决策工具有:卡拉杰克矩阵、采购棋盘、SWOT 分析及波特五力模型等。本章第一节介绍过了卡拉杰克矩阵、采购棋盘的概念和方法,下面简单介绍 SWOT 分析和波特五力模型在寻源决策中的应用。

1. SWOT 分析

SWOT 是四个英文单词:S(strengths)是优势、W(weaknesses)是劣势、O(opportunities)是机会、T(threats)是威胁。SWOT 分析是一种战略计划工具,是一个企业"能够做的"(即组织的强项和弱项)和"可能做的"(即环境的机会和威胁)之间的有机组合。SWOT 分析以寻源目标为出发点,优势就是有助于组织实现寻源目标的内部特点,劣势则是不利于组织实现寻源目标的内部特点。机会与威胁是指那些或有利或不利的外部条件。表 3-2 为SWOT 分析矩阵。

表 3-2　SWOT 分析矩阵

	有利点	不利点
内部特点	优　势	劣　势
外部特点	机　会	威　胁

在识别出所有的优势、劣势、机会和威胁后,就要判断是否可以达成所提出的目标。如果经过分析,目标看起来是可以达成的,那么就可以利用这些优势、劣势、机会和威胁,制订出能够充分发挥优势、减缓劣势、善用机会和防范威胁的可行的战略。运用这种方法,可以对研究对象所处的情景进行全面、系统、准确的研究,从而根据研究结果制订相应的发展战略、计划及对策等。SWOT 分析是对条件的描述,战略则是对行动的界定。

2. 波特五力模型

经济学家迈克尔·波特(Michael Porter)于 1979 年在《哈佛商业评论》发表了他的第一篇文章,题为"竞争力如何塑造战略",从此波特五力模型

(图3-2)逐渐被广为认知。从根本说,该模型是一个市场工具,关注的是外部环境和市场。他认为行业中存在着决定竞争规模和程度的五种力量,这五种力量综合起来影响产业的吸引力和现有企业的竞争战略决策。五种力量分别为同行业内现有竞争者的竞争能力、潜在竞争者进入的能力、替代品的替代能力、供应商的讨价还价能力与购买者的议价能力。该模型主要应用于供应市场分析。

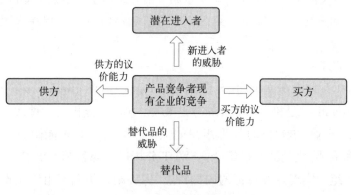

图3-2 波特五力模型

　　波特五力模型用于竞争战略的分析,可以有效地分析客户的竞争环境。供方的力量主要体现在供应商的议价能力,供方力量的强弱主要取决于供方的市场地位、提供的品类对买方的重要程度、供应商切换买方所要付出的代价。买方的力量主要体现在购买者的议价能力,购买者主要通过其压价与要求提供较高的产品或服务质量的能力来体现议价能力。购买者的总数、订单在供方客户中的占比、标准化的品类或者定制化的品类等。新进入者的威胁体现在新进入者在给行业带来新生产能力、新资源的同时,在现有企业瓜分完毕的市场中赢得一席之地。竞争性进入威胁的严重程度取决于进入新领域的障碍大小与现有企业对于进入者的反应情况。替代品的威胁,是指同一品类可能存在两个及以上供应商,所提供的产品或服务互为替代从而在它们之间产生竞争。替代品价格越低、质量越好、买方转换成本越低,其所能产生的竞争压力就强。同业竞争者的竞争程度,通常表现在价格、产品介绍、售后服务等方面,其竞争强度与许多因素有关。大部分行业中的企业,相互之间的利益都是紧密联系在一起的,作为企业整体战略一部分的各企业竞争战略,其目标都在于使得自己的企业获得相对于竞争对手的优势,所以,在实施中就必然会产生冲突与对抗现象,这些冲突与对抗就构成了现有企业之间的竞争。

3.4 寻源决策执行

到了执行阶段,根据寻源需求寻找满足目标的供应商。

3.4.1 寻源需求规格说明

首先要制作寻源需求规格说明。每一次的采购或寻源的目的都是满足需求,纵然常规的采购申请可以对需求进行描述,但是确定需求需要综合考虑不同因素,例如是否有固定厂家、设计要求、生产要求、特殊工艺或工序要求、二级供应商要求、环境要求等,因此设置寻源需求规格说明作为描述需求的补充是十分有必要的。具体可以参考表 3-3。

表 3-3 寻源需求规格说明模板

寻源需求规格说明			
需求提出部门		提出人及联系方式	
产品名称		产品代号	
任务类型(一级分类)		供货品类(二级分类)	
需求数量(需求预测)		目标成本(预算估计)	
意向单位	如果有,请填写		
需求情况简述			

1. 明确寻源需求时间(紧急/一般需求);
2. 明确产品类别,年需求数量(预期);
3. 明确目标成本(单价);
4. 图纸、技术要求等相关文件请一并提交(物料特性、供应能力限制);
5. 技术可行性承诺书;
6. 必需的功能、是否存在关键工序或工艺请描述;
7. 质量要求、测试及结果要求请描述;
8. 是否涉及危险品监管,环保处置要求;

9. 是否要求特殊包装或运输要求；
10. 是否将使用供应商管理库存（VMI）；
11. 产品生命周期预测；
12. 该需求的可替换性；
13. 预测的需求量及承诺的采购份额、交货条件和交货期等；
14. 发票、账期等要求。

需求提出部门		生产运营部门	
质量管理部门		供应商管理部门	

使用寻源需求规格说明的优势在于：

（1）需求提出方已经认真考虑过目前的供应商资源对现有需求满足程度；

（2）建立更为详细的测量和检验供应产品的标准，避免不合适造成的延期和浪费；

（3）为公平竞争提供可能，所有被寻源的供应商可以依据寻源需求规格说明报价，保证不同供应商是在对同一材料、工序、服务出价；

（4）当需求方把所有要求描述清楚后，责任即会转嫁给满足这些要求的供应方。

当然，这一措施也存在局限：

（1）在实际作业中，某些要求无法通过客观的标准对其进行详尽表述；

（2）寻源需求规格说明填写得越完善，内部需求提出方既要花费越多的时间成本，同时供应方在理解时也需要相当长的时间，寻源效率可能会降低；

（3）要求提交的图纸或技术要求等材料给产品增加直接成本，企业可以斟酌寻源需求规格说明包含内容，根据自身采购特性对内容进行调整，使其符合运营的需要。

3.4.2　实施及整合

明确了需求规格说明之后，按照规格说明向供应商发起询价。采购人员持续跟踪和及时沟通才可以保证供应商有更快、更准确的反馈。供应商反馈后，需要对供应商的详细成本分解分析、技术确认和总成本计算，以进一步了解供应商报价可靠性,以及对供应商的竞争力有清晰的认识。然后根据采购品类属性、采购金额大小,做出寻源决策。这个时候就可以利用不同的采购策略(卡拉杰克矩阵、采购棋盘等),与供应商展开谈判,并将谈判结果记录在合同中,并对合同中可能存在的风险进行管控,避免在后续采购过程中给组织带来不必要的法律风险。对于新供应商引入的所有合同订立必须及时完成,对于现有供应商新增品类,则需要确认已经订立的框架合同是否覆盖即将被赋予的项目。

一旦确定供应商并完成合同签订之后,第一时间正式通知那些成功的供应商,请供应商的执行团队尽早参与项目实施,把握每个阶段的时间节点,按时交付。越早地将供应商引入参与整个项目开发过程,将越有利于把供应商在专业领域的知识导入项目中。

3.4.3 几个需要关注的问题

战略寻源必须要考虑以下几点。

(1)在执行过程中,采购人员要在信息收集完成后第一时间转发给供应商报价。对于项目采购,不要在这一阶段为了应付项目组的压力,没有收集完整的信息就展开供应商询价,随后再一次一次地给供应商更新询价内容,往往欲速则不达。

(2)要考虑总成本,不要仅对比价格。在对比报价时,除了价格外,还要考虑质量、开发能力、交货表现和账期等。特别需要提醒的是,既然考虑总成本,那么可以存在不是最低价中标的情况。但是,在执行时,也尽可能制订详细的评分规则,如中标价不能高于最低价的15%、合理地评估总成本等可操作的规则,避免以价格为单一基准的对比,为每个供应商提供更加公平的机会。

(3)供应商的报价与采购方的技术条款或者详细的技术指标有直接关联,针对供应商报价时所反馈的技术指标偏离,必须同需求和质量等部门完全确认后,才能采纳供应商的报价。

(4)对供应商的成本组成有基本了解。采购人员收集报价时,要求供应商提供成本分解表作为有效报价的一部分。同时要积累价格数据,建立价格库,一方面采购人员可以了解供应商价格信息和供应商成本,另一方面也可以为供应商的定价水平提供参考,让供应商了解其所处的市场水平和竞争力,因此这是一个双赢的举措。

3.5 持续改进

战略寻源的最后一步,就是对寻源策略及执行进行回顾及分析。戴明提出的"戴明环"理论,在供应链管理中的任何一个环节都适用。对所做的每一件事情都要进行总结,总结经验吸取教训以不断改进。这一步往往被许多人漠视或者省略,从而导致竞争力的缺失。

对于战略寻源结果的评估,要设立完整的供应商评估体系,评估各个供应商业绩表现,制订相应的措施进行改进,继而持续监测其结果,以确定之前制订的寻源策略是否有效,是否达到了预期的结果。如果没有,那么需要重复前面的战略寻源流程,查找问题并持续改善。这里要强调的是,采购人员一定按照品类维度来追踪供应商绩效,通过流程再造或者最佳实践分享等,为新项目做准备,持续循环,持续改善。

【案例2】 +-

如何建立供应商寻源的工作机制

与各宇航企业交流时,普遍关注的问题有如何开展供应商寻源,供应商管理人员如何参与寻源,供应商调研工作如何开展,如何避免设计师或者用户指定供应商,如何开展供应商准入认证等,这些问题涉及供应商寻源工作机制的建立,如何建立统一的供应商寻源流程,如何设定供应商寻源工作的责任主体。在这里存在一个误区,大家认为寻源就是寻找供应商,其实这是不全面的。广义的供应商寻源至少要包括寻源需求的识别、确认、供应商找寻、供应商准入认证等多个方面。这个过程中,涉及需求部门、采购履行部门、供应商管理部门、质量管理部门及财务等多个部门,称为内部利益相关方,还涉及客户和相关供应商等,称为外部利益相关方。如何在保证组织目标、组织利益相关方开展供应商寻源,是供应商管理人员的基本职责所在,也是考验寻源人员专业能力的关键事项。图3-3是某企业建立的供应商战略寻源模式。

通过三级组织架构,供应商管理部门牵引计划部门、质量部门、需求部门及采购相关部门,统筹寻源管理,对近期需求及未来三年能力需求计划,提前开展供应商布局,提前开展供应商寻源。本流程分为四个阶段。

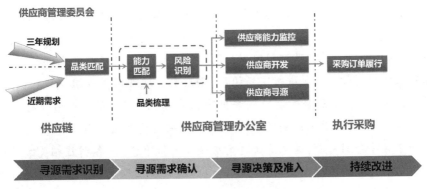

图 3-3 供应商战略寻源模式

寻源需求识别阶段：近期需求来源于内部供应链或内部需求部门，根据近期能力需求以品类维度提出需要寻源申请；长期需求来源于供应商管理委员会，根据未来三年乃至更长时间，结合组织的五年工作计划确定目标，根据产品的战略布局，提前开展供应能力评估，输出长期的能力需求计划，启动供应商寻源。另外一种，供应商管理委员会开展供应商的布局规划，进行战略寻源形成的寻源需求。在这里强调的是，寻源需求一定是明晰和量化的，包括具体的产能要求、成本目标、需求时间，以及其他的特殊要求，例如对关键工序的控制、关键的二次供应商要求等，并同时提供需要试制的受控的生产文件、产品保证要求、计量工具、验收标准等，为后续供应商找寻及物料认证提供支撑。很多人将寻源需求的识别理解为推荐供应商，这是大错特错的。

寻源需求确认阶段：供应商管理部门将供应商名录按照品类维度进行梳理形成供应库，并进行动态维护。供应商管理部门将寻源申请以品类维度和现有供应库进行匹配，找出能力差距，对于存在风险的供应商进行能力监控；对于现有供应商通过产能提升解决的，进行供应商开发，提升产能；需要进行寻源的开展供应商寻源；在这个阶段，供应商管理人员要和利益相关方进行充分沟通，就寻源需求进行确认，列入寻源清单并经过负责供应链运营的领导批准后开展寻源。这里要特别注意的是，需求的变更要严格控制，否则供应商准入完成之后，因为需求变更导致需要重新做物料认证或者没有认证完成之后，没有订单下达。

寻源决策及准入阶段：这个阶段是利益相关方博弈的重点，涉及选择哪些供应商开展准入认证。因此，我们的做法是，供应商管理部门组织需求部门开展寻源,并对供应商的基本条件和资质要求进行初步审查筛选,然后确定拟准入的供应商清单,由负责供应链运营的领导对拟准入的供应商进行批准。批准后,质量管理部门对供应商进行体系认证并组织需求部门、执行采购及供应商管理人员进行现场认证,供应商管理部门负责组织试制,开展物料认证,最终由负责质量的领导批准供应商的准入,正式成为合格供应商。在这个阶段,供应商确定及供应商批准由负责供应链运营及负责质量的两个领导分别负责,这也是通过高层领导的批准,统一各利益相关方的诉求,达成一致后,使得在采购执行阶段能顺利开展采购业务。利益相关方在整个流程中的参与至关重要,对每个流程节点要设定量化的评价指标,避免因为人员的不同,对供应商的评价出现大的偏差。同时也要明确,对于推荐供应商,要采取相对宽松的环境和容忍度。

持续改进阶段:在这个环节,基本进入下单及物料追踪阶段。根据供应商的交付绩效,不断修正采购策略。

参考文献

辛童,2018.采购与供应链管理:苹果、华为等供应链实践者[M].北京:化学工业出版社.

周云,2014.采购成本控制与供应商管理[M].第2版.北京:机械工业出版社.

P.弗雷泽·约翰逊,安娜·E.弗林,2020.采购与供应管理[M].原书第15版.杜丽敬,译.北京:机械工业出版社.

第四章　识别、评估和选择供应商

在供应商全生命周期中,识别潜在供应商并对其进行评估以选择最终供应商是关键步骤。事实上,研究表明,对采购组织的绩效而言,选择具有合适能力的供应商比在选择供应商后建立合作伙伴关系或开发供应商更为重要。

供应商管理的最新理念是不断强调过程管理与预防管理。宇航产品尺寸规格细、技术等级高、材料品质精、质量要求严的特点决定其供应商全生命周期管理过程一定要以前期准入预防管理为先导。企业面对复杂的产品系列与供应商类型,必须在供应商评价过程中,策划、实施、总结出一套有效可行的供应商前期评价指标体系与方法。通过供应商准入阶段的科学评估确保供应商准入的质量,依据供应商分类结果构建差异化的能力评估模型,依靠专业评估队伍和专业评估模型开展专业化、针对性评估,提升企业供应商准入管理的效率与质量。

供应商准入一般要经历供应商初筛、供应商准入评价、供应商试制管理(图4-1)。供应商初筛过程重点关注与承担任务相适应的资质是否具备,从而完成资格认证;供应商准入评价过程重点关注供应商管理体系是否完备,产品研制过程管控是否满足要求,从而完成体系认证;供应商试制管理重点关注在资格、体系均满足要求的前提下,是否能够研制出指标合格的产品,从而完成物料认证。

图4-1　供应商准入阶段划分

4.1 供应商初筛

当采购需求确定之后,往往会有数家或者数十家的候选供应商,若直接对供应商进行准入认证,将会形成较大工作负担,所需要花费的时间和精力在实际中是不允许的。因此,我们需要对候选供应商进行初步筛选,淘汰不合格供应商,尽量减少候选供应商数量;再利用合理的供应商准入方法来筛选出最合适的供应商。供应商的初筛模型就是建立一套筛选模式,采用一定的方法对候选供应商进行快速过滤,剔除不合格供应商,减少后续准入分析工作量。同时也要注意方法的准确性,以避免淘汰有潜力的供应商。

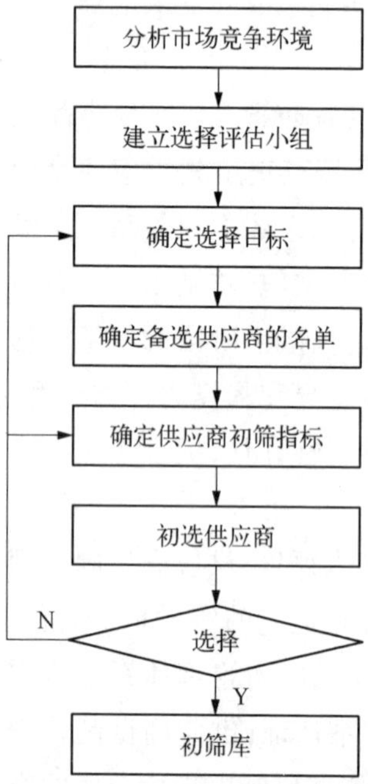

企业根据《供应商基本信息调查表》对候选供应商进行筛选和资格认证,形成初筛供应商库,信息调查表中应涵盖供应商初筛时所需要的指标。供应商信息的收集非常重要,必须做到尽可能完整和真实,因为这是后面进行供应商初筛的信息输入,一旦有误,不仅会影响最终供应商的选择,同时会对后续项目的开发带来风险,以至于无法如期完成客户的需求。收集到供应商初筛所需要的供应商信息后,开始进行初步筛选。根据由易到难,由简单到复杂的原则,对候选供应商进行初步筛选。该层筛选较为简单,主要是将不满足基本指标的供应商淘汰,初筛流程图如图4-2所示。表4-1列出了供应商初筛参考指标。

图4-2 供应商初筛技术路线图

表4-1 供应商初筛参考指标表

指标类型	定 性 指 标	定量指标
供应商初筛参考指标	法律法规、环保要求、国家质量认证、研发能力、地理位置、服务、人力资源、专利所有权等	时间、成本、质量、生产能力等

4.1.1 分析市场竞争环境

企业一切活动都是在市场这个大环境下进行的,通过对市场环境调查分析,能够了解当前采购品类的特性,从而确定供应商初筛的目标。同时企业能够随着市场的变化做出相应的采购策略调整。

4.1.2 建立选择评估小组

企业应该建立一个小组以控制和实施对供应商的初筛,组员来自采购、生产、财务、技术、市场等部门。组员必须有一定的专业技能和团队协作精神,同时要全面掌握供应商信息。

4.1.3 确立选择目标

企业不但要确定供应商初筛程序如何实施、信息流如何运作、由谁负责,而且必须建立自己的目标。供应商的初筛选择不仅仅是一个简单的评价选择过程,它本身也是采购商与供应商之间的一次业务流程的重构过程。

4.1.4 确定备选供应商名单

通过 SRM 系统完成供应商基本信息调查表递交的供应商就可成为企业的备选供应商。

4.1.5 选择供应商初筛指标

企业可以根据自身的情况及采购品类的重要程度,选择原则性的初筛技术指标。

4.1.6 初筛供应商

依据初筛技术指标,评判供应商的基本符合度,淘汰不符合初筛指标的供应商。这样可以将原来较长的供应商清单缩短筛选成中等长度的供应商清单。

4.1.7 供应商初筛库

随着供应商生命周期管理要求的提高,为对通过初筛的供应商进行有效管理,实现快速检索,需建立初筛供应商数据库。在条件有限情况下,最初级的数据库可以通过表格建立。公司建立 ERP 系统之后,初筛供应商的管理也可移植到系统中。

4.2 供应商准入评价

供应商准入评价是企业选择供应商的门槛要求,目的是对供应商是否有能力满足企业基本的合格条件做出评判。这些基本条件包括:供应商是否具有满足企业要求的相应合格资质证书?供应商的产品设计开发过程是否符合要求?批量生产过程是否符合要求?产能是否符合要求?是否能够负责任地承担起作为一个企业的责任?唯有通过准入评价的供应商才能获得企业的合格供应商资格。

合格供应商准入评价是对初筛供应商是否能够具备企业试制供应商资格的评价,是对潜在供应商总体水平符合度的判断。从初筛供应商发展为试制供应商的过程是具有重大影响的阶段。鉴于宇航企业对供应商质量要求的严苛性,针对企业不同供应商品类,供应商管理团队需要对参与准入评价的初筛供应商制订严格周密的审核管理计划,组织企业相关领域的专家进行资料审查和现场审查打分工作,对各项指标进行综合评价打分。供应商针对审查出的问题制订整改方案并实施整改,整改情况经企业验证通过后,可成为试制供应商。

4.2.1 准入评价要素的选取

1. 供应商资质

供应商资质是供应商进入企业管理体系的先决条件,只有通过资格认证的供应商,才具备准入的资格。供应商资格审核主要是对供应商的营业资格和供货资格进行审核,具体指标内容包括营业执照、质量体系认证、诚信经营、生产许可证或产品代理授权证书、相关业绩、法律纠纷等,原则上初筛过程需对供方资质进行审查,准入评价阶段现场进行复核,具体审核内容见表4-2。

表4-2　供方资质审核内容

审核要素	审 核 内 容
供方资质	(1) 是否通过 GJB 9001C-2017 体系认证 (2) 是否取得武器装备科研生产许可证和武器装备承制资格证书 (3) 是否通过相应的保密资格认证 (4) 是否取得 GJB 5000A-2008 要求的军用软件研制能力成熟度二级以上资质证书 (5) 是否通过静电防护管理体系认证(静电敏感产品承制单位) (6) 提供专项测试和试验的供方是否通过相应的能力资格认证 (7) 资格认证证书在有效期内

2. 体系建设

供应商质量管理体系建设的完备性是保障供方承接企业任务的基本条件,只有体系建设完备,质量部门能够独立行使职权履行质量监管责任,体系文件全面覆盖产品研制过程,才能保证其提供的配套产品具有较好的质量稳定性,具体审核内容见表4-3。

表4-3　体系建设审核内容

审核要素	审 核 内 容
质量管理体系建设	(1) 按年度开展质量管理体系策划,制订的年度质量目标和工作计划合理可行 (2) 按年度规范开展质量管理体系内审和管理评审活动 (3) 质量管理部门独立行使职权,各类岗位人员的质量职责明确,履职到位 (4) 质量管理和产品保证岗位设置和人员配备(数量和素质)满足产品质量控制需求 (5) 质量管理体系文件明确产品保证相关要求 (6) 质量管理体系程序文件和作业指导文件受控,动态管理到位

3. 资源管理

供应商资源管理能力与水平的审查目的是保障产品供应的连续性和及时性,具体审核内容见表4-4。

表 4 - 4　资源管理审核内容

审核要素		审　核　内　容
资源管理	研发投入	(1) 为承制任务投入稳定的研发团队 (2) 提供专项资金保证产品研制顺利进行 ……
	人力资源管理	(1) 按照承制的产品配置相关的队伍,人员的岗位职责明确 (2) 承制产品所需人员的能力满足要求 (3) 为承制产品人员提供所需的培训 (4) 制订合理可行的岗位配置计划、员工教育培训计划 (5) 开展岗位配置计划和员工教育培训计划实施效果分析 ……
	基础设施	(1) 建立设备台账 (2) 管理制度完善,制订并实施维护保养计划 (3) 生产装备按规定计量/检定/校准,并在有效期内使用 (4) 生产现场设施、生产装备(含设备、仪器、工装、工具、量具等)处于完好状态,在检定合格有效期内,并具有适宜标识 (5) 针对特种设备、关键生产设备、对人员健康和安全有潜在风险的设备制订了有效的设备操作规范 ……
	工作环境	(1) 对产品研制全过程所需的工作环境已进行识别并确定工作环境条件,如洁净度、温湿度、静电防护等 (2) 规定了工作环境条件监测要求,工作环境监测记录翔实 (3) 生产现场设施、装备与产品按规定布置和摆放,现场未存放与生产无关的物品 (4) 有静电防护要求的生产部门建立了防静电管理规定,划分设置防静电工作区(EPA) (5) 贮存静电敏感器件库房按要求进行周期性检测,配备了合适的防静电用品和防静电专用工具 ……

4. 产品保证

产品保证要求是部分宇航产品复杂性提出的特殊要求,宇航产品配套供应商需要深入贯彻产品保证理念,执行产品保证要求,具体审核内容见表 4 - 5。

表 4-5 产品保证管理审核内容

审核要素		审 核 内 容
产品保证	产品保证目标	(1) 依据项目产品保证总目标和各阶段产品保证目标,结合产品特点,制订分层次、分阶段(方案、初样、正样)的项目产品保证目标,并可测量和检查 (2) 定期对目标实现进行检查,并留有检查记录 ……
	产品保证队伍	(1) 按产品保证要求配置产品保证人员,岗位职责和权限明确 (2) 产品保证工作接口及组织运行管理要求明确,产品保证人员与组织内其他职能部门间能有效沟通 (3) 必要时,建立项目的专题工作组和专家组 (4) 对产品保证人员履行职责情况进行考核和评价 ……
	产品保证策划	(1) 依据任务方产品保证要求制订产品保证大纲和产品保证计划,并经任务方会签 (2) 产品保证大纲的内容针对产品的特点,并与任务提出方的产品保证要求相一致,且没有漏项 (3) 产品保证计划的内容覆盖产品保证大纲的内容,责任单位、完成时机、输出要求明确 (4) 将产品保证计划纳入科研生产管理计划进行管理 (5) 定期对产品保证计划的落实情况进行检查,并留有检查记录 (6) 根据产品保证大纲及其他相关产品保证管理规范和标准,针对产品保证各要素,向供方单位提出产品保证要求 (7) 对产品保证重要资源进行分析,对支持产品可靠性、安全性设计,产品设计验证、产品鉴定等需要的重要设施、设备和工具、人员等资源保障工作的充分性进行策划,对可能存在的问题和风险提出针对性的措施 ……
	对外协供方的控制	(1) 制订外协管理规定,并建立合格供方名录,进行动态管理 (2) 识别外协产品,建立外协产品清单,外协产品管理已纳入产品保证要求和计划 (3) 制订外协产品保证要求,向外协供方传递,并对外协供方落实产品保证要求情况进行监督检查 (4) 将Ⅱ/Ⅲ类技术状态更改、目录外低等级元器件、目录外原材料、未经飞行验证的工艺等,报任务提出方批准确认 (5) 将技术风险项目清单、鉴定产品清单、关重项目清单、关键检验点清单、评审/验收计划、技术状态更改汇总表、不合格清单、质量问题处理等报任务提出方备案

审核要素		审 核 内 容
产品保证	对外协供方的控制	(6) 严禁将全部协作任务外协到其他单位;将关键项目、关重件的外协报任务提出方批准 (7) 梳理二、三次直至元器件级的外协供方,明确外协项目及分供方,细化外协网络控制 (8) 产品初样、正样在同一外协单位进行 ……
	风险分析与控制	(1) 形成专门的风险分析与控制报告,深入分析产品的工作环境、工作模式和工作状态 (2) 深入分析产品的设计、工艺和过程控制,分析和识别产品研制过程中存在的关键风险,制订针对性控制措施 (3) 编制技术风险项目清单和技术风险控制表,并进行过程监控 (4) 技术风险项目清单和技术风险控制表实施动态管理,对于采取措施后降低或消除的风险应及时闭环,对于新认识到的风险应及时补充到表单中 (5) 对风险控制措施实施后的效果进行评价,给出风险消除或降低到可接受水平的明确结论 (6) 在产品验收前,分系统和单机的风险分析与控制报告提交任务提出方审查 (7) 技术风险分析与控制工作融入研制及产品保证计划 (8) 将技术风险分析与控制要求纳入本单位质量管理体系文件 ……
	关键项目和关重件管理	(1) 识别和确定关键项目,编制关键项目清单,经评审后上报 (2) 开展产品特性分析,识别了关重件,经评审后上报 (3) 将关键项目和关重件的控制措施落实到相应的工艺文件、测试和试验文件中 (4) 关键项目和关重件的控制措施落实结果有记录,可追溯 (5) 在研制质量报告中编写关键项目和关重件质量控制措施落实情况 (6) 关重件中关键和重要特性在正样产品研制过程不超差使用 ……
	产品鉴定状态管理	(1) 针对继承成熟产品的鉴定状态与拟用新型号鉴定要求进行审查,确认两种状态是否一致,形成符合性确认报告,确定需要增加的鉴定状态 (2) 严格按照新研制产品鉴定要求开展鉴定工作,确定鉴定状态 (3) 按照要求完成产品鉴定状态评审之后,确定了产品的鉴定等级,编制鉴定状态清单,开展产品鉴定工作

审核要素		审　核　内　容
产品保证	产品鉴定状态管理	(4) 对于需要做鉴定试验的产品,制订详细的产品鉴定试验细则,并试验数据齐全 (5) 形成专题的鉴定试验报告 (6) 正样产品状态与鉴定产品状态一致 ……
	技术状态管理	(1) 制订技术状态管理规章制度,并将上级和用户要求纳入其中 (2) 开展技术状态标识,形成技术状态基线,并经过审批 (3) 技术状态更改项目按技术状态更改"五项原则"执行 (4) 技术状态更改项目统计全面、准确,更改项目审批手续齐备并符合要求 (5) 更改落实能够做到闭环管理并有跟踪检查记录 (6) 未发生因技术状态管理不到位导致的质量问题 (7) 在产品研制质量报告中,汇总技术状态更改和更改落实结果情况 ……
	项目评审	(1) 有明确的单位内部评审制度,制订评审计划,并纳入产品保证计划中 (2) 开展设计评审、工艺评审、生产准备状态评审、试验准备状态评审、试验(测试)数据评审、产品质量评审、质量问题归零评审、技术状态更改评审等活动,评审结论明确 (3) 评审的记录规范,识别存在的问题,并制订了改进措施,对待办事项实施闭环管理 (4) 任务提出方要求时,邀请任务提出方参加评审,并将评审结论和跟踪结果向用户通报 ……
	产品数据包管理要求	(1) 产品数据包在初样阶段进行策划,正样阶段进行完善,并形成数据包文件清单,包括交付和被查两部分内容 (2) 组织对数据包清单进行审查,形成审查记录 (3) 数据包的清单内容包含单机产品三类关键特性表 (4) 在产品研制生产过程中分别采集相关的信息和数据,在产品生命周期各阶段均按照数据包(模板)内容要求记录 (5) 单机产品装配前,在装配工艺文件中形成零部件清单,按清单认真核查零部件质量证明材料的完整性,确保质量证明材料符合要求 (6) 随产品交付的产品数据包内容完整有效,可追溯 ……

续　表

审核要素		审　核　内　容
产品保证	产品保证信息	(1) 编制了与产品质量信息有关的规章制度,产品质量信息管理满足用户要求 (2) 产品保证信息管理已纳入产品保证大纲或计划 (3) 收集、汇总和分析(包括上报)产品保证信息,识别改进机会,并制订相应的改进计划 (4) 向任务提出方定期提供产品保证信息报告 ……
	产品保证总结报告	(1) 在产品转阶段、产品交付等重要节点,应对产品保证工作进行阶段性总结,编制产品保证总结报告 (2) 报告内容涵盖产品保证大纲和计划规定的全部产品保证活动开展情况,并对其结果进行分析和评价,并作为产品交付数据包内容 (3) 在产品交付前对报告中涉及的产品保证工作落实情况、客观证据及产品质量的符合性结论进行检查和确认 ……
	标准化要求	(1) 在产品研制阶段落实产品标准化大纲,提出产品标准化要求 (2) 实施产品标准化要求,确定产品的设计和开发中使用的标准和规范 (3) 初样和正样研制阶段应对标准化大纲的实施情况进行检查,形成检查记录 ……

5. 质量控制

供应商质量控制能力审查是对供应商能够提供优质产品的保证,具体审核内容见表4-6。

表4-6　质量管控审核内容

审核要素		审　核　内　容
质量保证	设计和开发策划	(1) 根据研制任务书和产品保证要求等输入文件,以及结合承制产品的任务特点,开展全面的设计和开发策划,明确产品的可靠性、维修性、测试性、保障性、安全性、环境适应性"六性"要求 (2) 明确设计和开发过程应输出的文件或记录等数据包要求 (3) 策划设计和开发过程中的评审项目和时机等内容 (4) 制订产品研制验证试验项目与具体方案

审核要素		审　核　内　容
质量保证	设计和开发策划	(5) 策划所要进行的设计鉴定项目、鉴定方法、检验方法、产品放行规定等内容 (6) 设计和开发过程发生重大变更时,其相关的策划内容及时进行更新 ……
	设计输入	(1) 明确与产品要求有关的工艺要求等设计输入,并保持记录 (2) 保持处理单、协调单或会议纪要等过程性文件,并转化为正式的设计输入文件 (3) 对正式、有效的设计输入文件的充分性和适宜性进行会签和评审确认 ……
	设计输出	(1) 设计和开发的输出文件或记录符合设计和开发输入的要求,并在放行前得到批准 (2) 按规定进行设计工艺性审查、质量和技术会签等,并形成相关记录 (3) 按策划要求形成产品"六性"等设计报告 ……
	设计评审	(1) 根据设计和开发策划中的评审策划要求,开展相应的评审工作,评审结论明确 (2) 顾客有要求时,邀请顾客参加设计评审 (3) 设计评审结果和待办事项形成评审记录 (4) 对评审待办事项进行闭环管理 ……
	设计验证	(1) 根据设计和开发策划中的验证策划要求,开展复核复算等相应的验证工作 (2) 顾客要求控制的项目,邀请顾客参加相应的设计验证工作 (3) 验证结果和任何必要的措施形成记录 ……
	设计确认/鉴定	(1) 根据设计和开发策划要求,开展相应的确认/鉴定工作 (2) 顾客要求控制的项目,邀请顾客参加确认工作 (3) 确认/鉴定结果和任何必要的措施形成记录 (4) 鉴定试验开始前,明确鉴定试验的项目、方法和管理要求,并得到顾客的确认

审核要素		审 核 内 容
质量保证	设计确认/鉴定	(5) 鉴定试验完成后,对产品实物进行开盖检查,对鉴定结果与设计的符合性进行确认 (6) 鉴定试验过程中或结束后出现的问题进行闭环管理,问题涉及设计更改时,设计更改实施后进行必要的重新鉴定 ……
	设计更改	(1) 设计更改过程符合技术状态更改"五项原则"的要求 (2) 设计更改影响域分析考虑了产品对外接口、产品组成部分、在线产品和已交付产品等 (3) 设计更改实施前,对设计更改进行评审,并按规定得到上级的审批 (4) 涉及产品关键特性、重要特性、可靠性、安全性及其与外部接口(包括总体、总装、分系统、单机)的重大的设计更改进行系统的论证、分析和验证,并通过批准 (5) 产品初样Ⅲ类设计更改和正样Ⅲ、Ⅱ类设计更改,要得到审批 (6) 对设计更改实施结果的正确性和完整性进行闭环管理,并形成记录 ……
	复核复审	(1) 针对技术风险项目、关键项目、关键技术、产品的技术状态更改情况以及发生的质量问题归零及举一反三,策划并开展复核复审,形成专项复核复审总结报告 (2) 对复核复审发现的问题进行闭环管理 ……
	产品标识和可追溯性	(1) 根据任务提出方的产品标识要求,针对每个产品建立并保持产品层级明确、研制阶段清晰且具有唯一性的标识 (2) 对产品的装配、检验、测试和试验等状态进行标识 (3) 可通过产品文件或记录,追溯到产品在采购、生产、装配、集成(总装)、检验、测试试验和产品交付后使用情况等信息 ……
	洁净度、污染控制	(1) 根据顾客要求并结合承制产品的特点,在产品图样、规范等文件中注明产品的洁净度等级 (2) 针对承制产品在设计、制造、装配、总装、测试、检验和试验、贮存、包装和搬运等过程制订洁净度控制要求 (3) 对产品研制全过程的洁净度及污染源实施控制,并定期进行确认和记录,以确认满足要求 (4) 针对污染敏感产品的制造、装配环节制订专门的污染源控制方法和预防措施,并严格实施和记录 ……

审核要素		审　核　内　容
质量保证	多余物控制	(1) 针对承制产品在设计、制造、装配、总装、测试、检验和试验、贮存、包装等各个环节制订多余物控制要求和具体控制措施 (2) 按要求在产品研制全过程对多余物实施控制并形成记录 (3) 对于多余物引发的事故和故障,深入分析原因并制订有效的纠正措施 (4) 针对产品装配、总装环节重点明确辅助材料的使用、设备拆卸等操作过程的多余物控制措施,并严格实施和记录 ……
	静电防护控制	(1) 针对从元器件交付、验收、保存、领取、焊装到电路板以及电子产品调试、试验、检验、转运等全过程,制订静电防护控制措施 (2) 针对静电放电敏感(ESDS)电子产品制订专门的静电防护方法和措施,以及确保措施有效的检测要求,并对措施的落实情况进行监督检查和过程记录 (3) 在静电防护区域进行防静电标识,配置防静电地面、工作台、腕带、椅子、储存架/柜等设施,人员按要求着防静电服(包括鞋、帽),使用防静电包装等 (4) 防静电工作区无个人用品等与工作无关的绝缘物品 (5) 按要求开展防静电系统安装后的验收及现场测试的检查、周期测试等工作,并形成记录 (6) 必要时,对二次外协单位提出相应的静电防护控制要求(要求应在合同或任务书中明确),并检查要求的落实情况,确保产品质量符合要求 ……
	电缆网控制要求	(1) 对各类电缆的走向、绑扎、包缚、固定等设计和实施情况进行检查,并形成记录,以确保满足在 EMC、供配电、热控、力学等方面的设计要求 (2) 电缆标识清晰正确 ……
	产品制造、装配和总装的控制	(1) 制订产品工艺方案,并对工艺方案进行评审,并形成评审记录 (2) 编制工艺文件,明确工艺流程,识别工艺关键特性和过程关键特性,设置合理的检验点,并确定关重件、关键工序、强制(关键)检验点等控制要求 (3) 对关重件、关键工序、强制(关键)检验点进行标识 (4) 对关重件、关键工序、强制(关键)检验点的各项控制措施实施结果和相关数据进行记录,有量值要求的指标、参数等记录实测值,并具有可追溯性;对于不能用文字和数值记录的关键控制过程,采用照相、录像等措施进行记载

审核要素		审 核 内 容
质量保证	产品制造、装配和总装的控制	(5) 对于特种工艺(如焊接、胶接、电镀、热处理等)选择制作同批次的工艺试件 (6) 在正样产品生产前,对其生产准备状态(生产基线、人员配备、生产设施、材料、输入文件、工作环境等)进行检查,检查确认过程应形成记录 ……
	检验	(1) 设计文件、工艺文件或检验规程等检验依据文件齐套、有效 (2) 检验人员具有相应的岗位资质,并熟悉本岗位检验操作要求与规范 (3) 检验印章使用符合印章管理要求 (4) 生产过程严格按照检验依据文件实施首件检验、过程检验、完工检验 (5) 对关键(强制)检验点等所有检验点的检测结果进行记录,有量值要求的指标、参数等记录实测值,并具有可追溯性;对于不能用文字和数值记录的关键控制过程,采用照相、录像等措施进行记载 (6) 关键检验点检验结果得到检验、设计或工艺的确认和签署;强制检验点检验结果得到顾客的确认和签署 (7) 对于复杂的检验项目编制相应的检验规程 (8) 对产品所有阶段、所有项目的检验状态进行明确标识,不合格品按规定进行标识、审理 (9) 用于检验工作的设备、工卡量具在检定/校准周期内 (10) 产品返工或返修重新进行检验并留有记录 ……
	测试控制	(1) 在产品设计阶段开展测试覆盖性分析工作,形成测试覆盖性分析报告和各类测试项目清单,明确了可测试项目、不可测试项目的控制要求 (2) 在产品测试前,编制测试大纲、测试细则,并通过评审,对测试准备情况进行检查和记录 (3) 在产品测试过程中,按测试细则开展测试工作,并对测试数据进行判读,对异常数据进行分析和处理 (4) 提前对Ⅱ类不可测试项目明确测试记录内容和要求,在下一级测试过程中对形成Ⅱ类不可测试项目记录,并在产品验收时提供记录(含照片和光盘) (5) 提前针对Ⅲ类不可测试项目向上一级提出明确的测试要求,在上级系统测试时,落实并获取相应的测试结果材料 (6) 在测试完成后对测试数据进行比对分析(同一产品在不同测试阶段的数据比对、同类产品在不同型号上的数据比对),形成测试报告;并按测试覆盖性分析报告内容完成测试覆盖性检查,形成测试覆盖性检查报告 ……

审核要素		审 核 内 容
质 量 保 证	试验 控制	(1) 在试验开始前编制试验大纲、细则及表格化记录等文件,并进行评审 (2) 顾客要求时,邀请顾客参与试验大纲等策划类文件的评审,并形成记录 (3) 在产品试验前,对试验准备状态进行检查和记录 (4) 在产品试验过程中,按试验细则开展试验工作,并对试验数据进行判读 (5) 对试验过程中发现的问题填写问题报告单,对异常数据进行分析和处理,对修复或改装后的电子产品进行必要的补充试验验证 (6) 试验中更改试验程序或降低试验条件的审批手续 (7) 在试验完成后对各阶段试验数据进行比对分析,形成试验报告(必要时需经过评审) ……
	不合格品控制	(1) 按要求建立并保持不合格品审理系统,制订对不合格品的标识、隔离、审理、处置和记录控制的要求 (2) 对按不合格品审理结果对其进行标识和处置,防止被非预期使用 (3) 对不合格品审理的原因、纠正措施及落实有效性进行跟踪检查并记录,防止不合格品重复发生 (4) 涉及功能性能、使用特性、功能或物理接口,互换性、形状、重量、质心,可靠性、维修性、安全性及影响人员健康和安全等的严重不合格品,按规定通报不合格品信息,审理应要求顾客参加,必要时按归零进行处置 (5) 关重特性不允许超差使用 ……
	质量 问题 归零	(1) 严格按"归零五条标准"的要求,对承制产品在各阶段出现的质量问题开展归零工作 (2) 未发生以问题说明和问题分析代替质量问题归零,以技术归零代替管理归零的情况 (3) 对主要因技术原因造成的质量问题,在开展技术归零的同时,查找并分析管理方面的原因 (4) 建立质量问题快速响应和举一反三机制,以加强发射场质量问题快速归零和举一反三工作 (5) 对归零确定的纠正措施和举一反三工作进行闭环管理 (6) 按阶段对产品质量问题进行清理 (7) 在产品交付前,对质量问题归零工作完成及措施落实情况进行全面检查,并根据需要组织专题评审 ……

审核要素		审　核　内　容
质量保证	验收与交付	(1) 在产品交付前进行检验、试验,确认其符合接受准则 (2) 在产品交付前组织进行产品质量评审 (3) 产品验收时,对数据包的完整性、正确性、可追溯性进行检查,对数据包不符合要求的,坚决拒收产品 (4) 在产品交付时,按要求对产品进行包装和防护,并对产品包装、贮存、搬运和运输进行标识,确保随产品交付的配套件、备件、附件、工具等配套齐全 ……
	搬运、贮存、包装、防护	(1) 制订产品的搬运、入库、贮存、包装、领用等防护控制要求,保持记录及可追溯性 (2) 产品工序间交接办理交接手续 (3) 针对产品贮存区(含库房)的洁净度、温湿度和安全性等采取控制措施,并进行定期检查和记录 (4) 产品包装箱在使用前对其功能和性能进行全面检查,搬运前是否进行了状态确认 (5) 物料贮存环境的温度、湿度、洁净度、防静电等指标满足物资贮存条件,码放是否规范 (6) 物料贮存、发放、使用符合相关规定,记录完整、准确、可追溯 (7) 物料运输、搬运、包装及防护过程中,有防锈、防湿、防潮、防蒸发等措施 ……
	文件和资料控制	(1) 对文件和资料(含软件文档及任何媒体形式的文件和资料)的批准、会签、标识、发放、更改、回收及处置等制订明确的控制要求 (2) 针对承制产品明确界定了需实施控制的各类文件和资料范围,并形成清单 (3) 对各类文件和资料的更改、现行修订状态进行标识,确保文件和资料清晰、易于识别,内容协调一致 (4) 对作废的文件和资料进行标识,确保及时从使用场所收回失效和作废的文件资料,确保能够防止作废文件的非预期使用(误用) (5) 文件和资料的更改由原部门/人员进行评审、审签和批准 (6) 产品质量形成过程中需保存的文件和资料,按规定进行归档受控管理 (7) 生产现场操作依据的设计文件、工艺文件、图纸等是否齐套、签署完整、现行有效 (8) 关键件、重要件和关键工序的控制文件齐全,内容完整,可操作 ……

审核要素		审　核　内　容
质量保证	记录控制	（1）对质量记录的标识、收集、贮存、保护、检索、保留和处置等制订控制要求 （2）针对承制产品明确需实施控制的记录范围，并形成清单 （3）编制适合承制产品特点的质量记录表格，过程记录填写规范，无随意划改，有量值要求的未填写实测数据、签署不完整等问题 （4）产品过程质量记录能够追溯到采购、外协产品进货检验、制造、装配、测试、试验、检验等全过程控制情况 （5）产品质量形成过程中需保存的各种质量记录按规定进行归档 （6）对生产过程记录、数据包管理建立明确的管理规定，生产过程有关记录纳入数据包管理，生产过程记录与数据包有关记录协调一致 （7）有影像记录要求的生产过程，按要求实施影像记录，记录完整、清晰 ……

6. 材料、机械零件和工艺保证

通过材料、机械零件和工艺保证要求审查，确保供应商能够正确按要求制造工艺进行制造，确保产品性能和特性符合特定产品的要求，具体审核内容见表4-7。

表4-7　材料、机械零件和工艺保证审核内容

审核要素		审　核　内　容
材料、机械零件和工艺保证	一般要求	（1）按材料"四统一"（统一选用、统一认定、统一复验、统一失效分析）要求开展工作 （2）对具有危险特性的材料、机械零件、工艺按标准要求或设计文件的有关规定进行标识，并纳入产品保证计划中采取措施进行管理 （3）将设计、生产过程中选用的材料、机械零件和工艺编入清单管理 （4）对新材料、新零件、新工艺进行分析，开展相关的鉴定试验和验证试验，识别出风险和关键环节，并制订控制措施 （5）按任务要求对材料、机械零件和工艺进行洁净度和污染风险分析，并制订有效控制措施 ……
	材料保证	（1）进行所厂级、项目办级的选用评审；识别并控制风险；审查意见闭环 （2）目录外的材料有认定报告 （3）进行入厂（所）复验，复验在具有材料检验资质的机构进行

审核要素		审　核　内　容
材料、机械零件和工艺保证	材料保证	(4) 对于有贮存期要求的材料,超出有效贮存期使用时,进行超期复验 (5) 对产品材料进行批次状态标识、记录,具有有限寿命的材料是否按批次、炉次做出制造日期、贮存寿命终止期等标识,保证其可追溯 (6) 材料代料按规定履行审批手续 (7) 材料库房的环境、条件符合材料的保管要求 ……
	机械零件保证	(1) 识别机械零件的选用和使用控制要求 (2) 机械零件的选用符合相关要求,并形成清单 (3) 对机械零件进行关键(重要)特性分析和风险分析,形成关重件清单,并采取相应的控制措施 (4) 机械零件都有相应的采购规范,并进行了到货检验 (5) 机械零件具有唯一的标识号、标识码或批次号来保证可追溯性 (6) 有限寿命机械零件或受磨损的机械零件在启用后进行标识和控制 (7) 规定了机械零件的包装、存储和转运的措施 ……
	工艺保证	(1) 识别和明确工艺保证相关要求 (2) 按要求对工艺总方案的编制、评审、实施进行管理 (3) 杜绝了禁用工艺,限用工艺是否进行审批 (4) 对照产品常见的工艺质量问题和隐患,制订控制要求和措施,并开展检查,形成检查记录 (5) 单机及以上级别产品编制工艺清单 (6) 按要求开展工艺鉴定工作 (7) 依据设计关键特性开展工艺关键特性分析,形成工艺关键特性表 (8) 按要求识别并确定关键工序,落实"定人员""定设备""定工艺方法"的要求 (9) 关键检验点和强制检验点落实在工艺中 (10) 关键/重要和特殊过程的工艺参数的变更经过充分试验、验证 (11) 工艺设计包含产品防护要求(包括静电防护、洁净度、污染及多余物、包装、贮存、运输过程控制要求) (12) 工艺技术状态更改控制符合要求 (13) 工艺装备的选择、设计和验证符合要求 ……

4.2.2　准入审核流程

供应商准入审核根据对应品类不同而采取不同的审核方式,主要分为专业资质审核、电装资质审核、一般资质审核、地面资质审核等,审核方式与供应商承接任务品类的对应关系详见表4-8。

表4-8 供应商审核方式

供应商承接任务品类	审核方式
试验检测、软件研制、仿真分析	专业资质审核
电装固封	电装资质审核
单机研制、单机生产、组件研制、组件生产、零件加工、工序类	一般资质审核
地面测试设备、工装胎具、服务类	地面资质审核

对合格供应商的准入审核包括资料审核和现场审核。资料审核主要是要求供应商提供主要用户、资质认证、成本结构等材料。现场审核主要是对供应商质量管理能力、流程管理能力、技术工艺能力、采购控制能力、制造生产能力、自我改进能力等的审核。

下面以一般供应商和电装供应商为例介绍合格供应商准入审核的基本流程。

1. 一般供应商准入审核流程

一般供应商审核的基本流程如图4-3所示。

《供应商准入审核申请表》审批通过后,准入认证人员组织开展一般资质审核工作。首先开展资料审核,准入认证人员组织任务协出部门及产保人员等对《供应商准入审核自评估报告》及相关认证材料进行审查,并通过电话、邮件等形式与供应商进行沟通。现场审核阶段,审核组制订《现场审核计划》,要求供应商按要求补充准备相关备查文件及材料等。审核组根据现场审核计划对供应商开展现场审核,审核组长根据现场审核情况进行总结。现场审核如存在问题,审核组长也要与供应商沟通,并填写《审核整改意见汇总表》,向供应商提出不符合项和建议项。也要逐项填写不符合项整改表,并要求供应商限期(一个月)整改。最终的审核结论要依据审核准则的检查结果,依据一定的原则进行判别。审核结论判定原则如下:

(1)审查项目全部合格,直接视为"审核通过";

(2)审查项目中发现一项(含)以上影响供应商承制企业任务的关键项目不合格评定为"审核未通过";

(3)不满足以上条件的,准入认证人员需进一步组织对供应商的不符合项和建议项的限期整改情况进行验证。验证通过的,评定为"审核通过";验

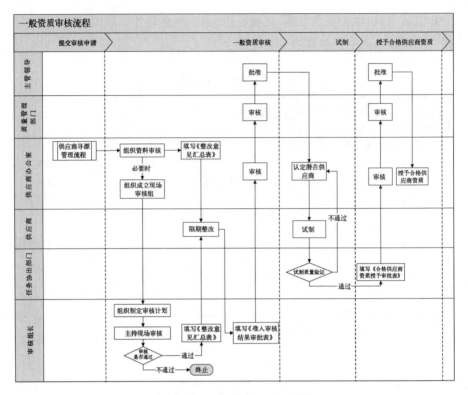

图 4-3　一般供应商审核流程

证不通过的,评定为"审核未通过"。

　　一般资质审核通过后,审核组长负责将审核相关记录整理形成《审核报告》,填写《供应商准入审核结果审批表》。准入认证人员确认《审核报告》及《供应商准入审核结果审批表》齐全有效后,一并提交审核批准后,将其认定为潜在供应商。

　　2. 电装供应商准入审核流程

　　电装供应商审核的基本流程如图 4-4 所示。

　　《供应商准入审核申请表》审批通过后,准入认证人员组织电装固封专业工艺专家、生产加工部门、设计师、产保人员、执行采购等有关人员组成审核组,审核组长由工艺专家担任。审核组长组织审核组成员审查供应商提供的《电子电气产品生产资质认证申请表》,并具体制订第一阶段、第二阶段的审查计划。审核计划应包含,审核要求、审核时间及人员分工,供应商应准备的备查文件和材料清单等内容。准入认证人员向供应商下发审查计划,要求供应商按要求准备相关备查文件及材料,并开展自查。供应商按要求完成文件及

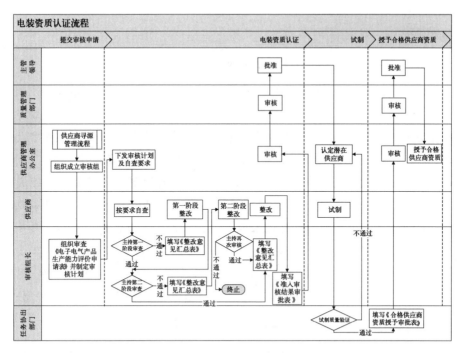

图4-4 电装供应商审核流程

材料准备及自查工作后,审核组根据第一阶段审查计划开展文件审查和工艺鉴定审查工作。符合要求的,直接进入第二阶段审查;未通过第一阶段审查的,审核组长与供应商沟通并填写《审核整改意见汇总表》,向供应商提出不符合项和建议项。供应商限期(一个月内)整改并验证通过后,继续进行第二阶段审查。审核组结合供应商自查结果继续开展第二阶段审查。未通过现场审查的,审核组长应与供应商沟通并填写《审核整改意见汇总表》,向供应商提出不符合项和建议项。供应商限期(一个月)整改并验证通过后,供应商可再次申请现场审查。连续两次现场审查未通过的,一年内不得再次申请。第二阶段审查通过后,审核组长依据整个审查过程填写《审核整改意见汇总表》,向供应商提出不符合项和建议项,要求供应商在一个月内提交改进措施及计划。审核组要不定期对供应商改进措施闭环情况进行抽查直至改进工作全部完成。

电装资质认证通过后,审核组长负责将审核相关记录整理形成《审核报告》,并填写《供应商准入审核结果审批表》。准入认证人员确认《审核报告》及《供应商准入审核结果审批表》齐全有效,一并提交审核批准后,将其认定为潜在供应商。

【案例3】 ·+·

GE 公司供应商的选择

GE 公司采用全球采购模式。这种采购模式也决定了 GE 公司在供应商选择上的严格程度。GE 公司对供应商评估主要是价格、质量、交货与服务四个方面。此外,还要考核供应商所在地的环境及跨国采购的四个基本要素,即价值流、服务流、信息流、资金流。在进行潜在供应商评估之前,对新的潜在供应商做一个初步现场评估,或让供应商自我评估以确定供应商是否具有基本质量体系、合适技术能力和良好管理水平。通过初步评估以确认新的潜在供应商是否有资格进入潜在供应商评估环节。然后进行为期一至两天的深入评估以验证新的潜在供应商是否能达到管理体系最基本要求。最终选定在质量、服务及价格方面都具有竞争力的厂商来提供产品。

GE 公司供应商评估流程具体包括以下方面(图 4-5):① 初级评估;

图 4-5　GE 公司供应商评估流程

②潜在供应商评估;③选定供应商;④产品质量先期策划和控制计划;
⑤投产前会议;⑥样件审批;⑦正式生产件审批程序;⑧按预定能力运行;
⑨初期生产次品遏制;⑩开始生产;⑪持续改进计划;⑫成本监控;⑬问题
通报与解决;⑭一级和二级发货控制;⑮质量研讨班;⑯供应商质量改进会
议;⑰全球采购。

4.3　供应商试制管理

为了确保供应商具备该类外协任务的正样阶段加工或研制能力,一般
需对承制军品外协任务的供应商开展试制验证。

从供应商产品试制执行角度看,产品试制主要分为七个阶段。从产品试制的方案准备到产品试制的执行及过程跟踪,最后由试制团队给出产品试制结论。

产品试制流程实际上是试制订单的跟踪执行过程。不同于常规订单之处在于,试制过程从不同角度引入了过程监测,系统化地运用各项元素对试制订单进行策划、实施、分析与改进。试制订单批次与数量并不做限定,由试制团队依据供应商分类及能力评估情况制订。当产品试制最终通过,此时产品试制过程不只输出了合格的产品,还包括一套适宜可行的技术标准与实现方案,一套可控可测的有效质量控制方案,一套稳定固化可持续生产的工艺过程。图4-6为供应商产品试制流程图。

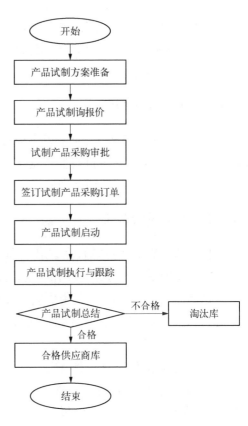

图4-6　供应商产品试制流程图

4.3.1 试制准备

试制前组织内部进行必要的供应商试制审批把关,需选取具有代表性的产品进行试制,制订试制品质量验证方案,明确试制品的试验要求、产品鉴定要求、工艺鉴定要求、验证项目及准则,部组件及以下产品还需明确与整机匹配性验证要求。验证方案应通过需方评审,作为供应商试制成功与否的判定准则性文件。

4.3.2 技术交底

试制审批通过后、正式实施试制前,向供应商传递任务书、技术要求、通用外协产品保证要求等依据文件,并组织相关技术人员对供应商进行技术交底,以会议记录、培训记录、文件签署等形式进行留底。

针对任务书、图纸、技术要求,向供应商介绍外协产品的应用条件、应用工况及指标要求等,向供应商进行任务需求交底;对于已经掌握的成熟的工艺技术、检验标准,采取现场培训交流的形式,向供应商进行工艺及检验技术交底,双方共同确认工艺及验收标准。

4.3.3 试制过程控制

在技术交底的基础上,应组织供应商制订试制品的质量控制及研制技术流程,并在试制过程中进行监督落实。需方组织供应商开展试制品的加工,并监督供应商定期反馈生产情况。

4.3.4 试制质量验证

供应商完成试制品加工后,向需方提交验收申请,由需方组织任务协出部门开展试制品的检验、测试调试、装配验证等工作。

试制品质量验证完成后,由供应商编写试制总结(含试验总结和工艺鉴定总结),任务协出部门编写试制品验证总结,由需方组织试制及验证总结的评审。

试制总结及验证总结评审通过后,由需方将试制总结、验证总结报告及评审结论上传至供应商管理系统。产保人员将外协项目及对应的供应商纳入单机生产基线报告。试制工作通过后,授予合格供应商资质。

【案例4】 +·

电磁阀产品试制案例

A公司因内部产能不足,需要引入新的供应商,缓解内部产能风险,决定启动电磁阀产品的试制工作。

前期由产品生产部门提交寻源需求申请表,说明电磁阀产品具体情况,对产品进行简述,初步了解电磁阀产品后,供应商办公室展开寻源工作,由于电磁阀产品结构的特殊性,对供应商生产环境有较高要求,零件加工环节对加工设备精度要求严格,并且该产品工序较为烦琐,需要多项特殊工艺处理,要求选择的供应商尽可能减少二次外协风险,整机装配环节要求供应商拥有万级洁净环境的生产间,对装配人员的技术水平也有较高要求。经过反复调研,XX公司具备电磁阀产品的生产加工条件。

经过初步沟通,双方明确了合作意向。供应商办公室组织双方技术人员进行对接,供应商编写试制方案,由A公司专业人员进行评审。考虑电磁阀产品具有高精度密封的特殊性,最终决定试制分为两个阶段,前期先进行零件加工工作,并将已加工合格的零件分为两批,第一批由供应商装配人员用A公司设备及场地进行装配工作,由A公司技术人员进行把关,产品合格后进行工艺评审,从而确定研制加工是否满足要求。本环节全部验证完成后启动第二阶段试制工作,第二批零件由供应商人员用供应商自有设备与场地进行装配,由A公司进行技术把关,产品合格后进行整机阶段相关文件评审。经双方确认后按照试制方案启动该项目试制。

启动试制前对图纸、技术要求、验收要求等相关文件进行了传递,供应商共同制订试制计划,相关部门进行技术交底。经过一年时间供应商完成试制,产品符合A公司要求,帮助A公司提升了35%产能。

+·

参考文献

陈宏,2005.如何进行现场审核[J].核标准计量与质量(1):33-38.

宫迅伟,2020.供应商全生命周期管理[M].北京:机械工业出版社.

黄维佳,2012.动力总成开发项目中零部件采购的供应商选择[D].上海:上海交通大学.

姜宏锋,邢庆峰,2020.供应链质量防线:供应商质量管理的策略、方法与实践[M].北京:机械工业出版社.

梁丰爽,袁硕,朱放,2018.GE-A供应商质量管理做法及启示[J].质量与可靠性(3):

53－56.

林勇,马士华,2000.供应链管理环境下供应商的综合评价选择研究[J].物流技术(5)：
    32－35.

杨帆,2016.大型装备制造业供应商准入阶段能力评价与产品试制管理的研究[D].上海：
    上海交通大学.

张连振,2011.大型装备制造业供应商的评价选择研究[D].上海：上海交通大学.

周龙,2018.基于全生命周期的高空作业车零部件供应商选择评价研究[D].长沙：湖南
    大学.

第五章　供应商质量管理

供应商质量管理贯穿供应商准入、产品试制、产品开发、承制过程、产品验收等合作全过程,结合向供应商进行技术交底、开展设计及工艺评审、开展工艺鉴定及工艺技术攻关、质量问题改进、现场监造、生产现场检查辅导等活动,对供应商进行"传、帮、带",确保供应商具备相应的质量管理能力、设计能力及工艺技术水平,保障外协产品的稳定产出。

供应商质量管理的主要内容按照合作流程分为:供应商准入阶段的产品试制管理;产品正式承制阶段的产品保证要求管理、质量过程监控管理、验收管理等。管理流程如图5-1所示。

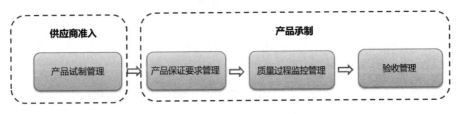

图 5-1　供应商质量管理流程图

试制管理主要是用于验证供应商的工艺技术水平,通过制订产品试制方案,对试制品开展质量验证,确保供应商具备正式承接任务的能力。试制管理主要在第四章的供应商选择阶段进行控制,本章不再赘述。

试验阶段的核心任务是对产品的设计及初样开发进行改进及实验,目的是减少以后大批量生产中出错误的可能。研制试验管理不仅要注重产品的质量,还要对整个生产环境进行严格的考察,以期为接下来正式投产打下良好基础。该阶段有助于明确产品质量、生产工艺、成本支出等的各方面要求,保证生产时的高效率。

产品保证要求管理的具体内容包括:与产品性能特点、设计生产及使用情况相关的通用保证要求和专用保证要求,还有与企业上级以及供应商生产部门要求相关的一些保证要求。宇航企业所需产品众多,质量要求高,必须在产品的设计与生产过程中,提出生产、设计及工艺等方面的各项保证要求。

质量过程监控管理的主要内容包括:生产基线管理,监造管理,质量信息管理,现场检查管理及数据包管理等。质量过程监控管理注重对生产基线以及现场的管控,保证产品在生产过程中的每一个环节质量都得到保证。要重视问题的总结以及企业与供应商质量信息的同步性。在整个合作过程中,每个环节都会存在一定的风险,所以在每个环节都需要对潜在的风险进行预判,采取预防措施,加强对风险的管控。

产品验收时对前期质量活动的总检查及闭环处理阶段,主要通过数据包过程记录审查、生产基线纪实检查、外协产保要求落实问题闭环检查、外协交付文件及产品检验等方式,确保产品质量及配套文件满足验收要求,不合格品得到有效处理。

5.1　产品保证要求管理

为加强外协产品保证管理活动面向任务的针对性、有效性,需要基于品类针对性制订产品保证管理措施,提升管理成效。针对不同任务类型对控制措施进行分类组合,建立外协任务类型及控制措施管理矩阵(表5-1),提出差异化解决方案实现分类管理。

同时,宇航企业所需产品众多,质量要求高,需要对我们所需的产品提出生产、设计和工艺等方面的保证要求。针对外协产品保证要求采用"通用+专用"的分类管理,以及"单机+组件+零件+工序"的分级管理。

通用产品保证要求主要依据上级要求、外协管理通用要求、同类产品通用要求制订,内容偏重于管理;专用产品保证要求主要依据用户技术要求及针对产品特点在关键特性与量化控制、工艺隐患与检验控制、过程记录与验收控制等重点方面提出的具体化、指标化要求,内容偏重于技术。对于同类产品,兼顾管理及技术要求的一致性。"通用+专用"分类外协产品保证要求,不仅可以保证内容的全面性,而且管理与技术分开,利于供应商理解和实施。

表5-1 外协任务类型及控制措施管理矩阵

管理流程	具体控制措施	供应品类							
		零件加工	电装固封	工序	组件生产	组件研制	单机生产	单机研制	试验检测
新产品试制控制	工艺评审和验证	●	●	●					
	试验验证				●	●			
	分阶段研制						●	●	
研制试验管理	研制试验策划评审					●	●	●	
	研制试验总结评审					●	●	●	
外协产保要求落实管理	工序级通用外协产保要求(A)	●	●	○					
	工序级专用外协产保要求(B)			○					
	零件外协加工及检验要求(B)	●							
	电装/固封技术要求(B)		●						
	产品级通用外协产保要求(A)+产品级专用外协产保要求(B)				●				
外协生产基线管理	零件及工序的生产基线	○	●	○					○
	组件及整机的生产基线				●	●	●	●	
	组件产品规范				○	●			
现场监造	针对指定批次的专项监造(侧重生产)				●		●		●
	长期驻厂监造		●						
数据包管理	零件数据包	●							
	工序数据包		●	●					●
	组件或整机数据包				●	●	●	●	
……	……								

注:●表示必须遵守,○表示可遵守。

针对供应品类制订不同层级的产品保证要求,分为工序级、零件级、组件级和整机级要求。针对具体任务采用不同模式的产品保证要求传递方式,如:针对简单的工序或零件外协,编制统一的通用产品保证要求面向同类供应商,同时编制外协任务各自的专用产品保证要求传递差异性要求;针对复杂的组件或整机外协,编制面向特定供应商的通用产品保证要求和面向具体任务的专用产品保证要求,协同供应商开展任务特性分析,识别风险项目后对专用产品保证要求进行升级,以迭代方式确保要求传递充分。

5.1.1 产品保证要求主要内容

1. 产品通用保证要求重点内容

产品在设计、生产、升级过程中不仅要满足企业上级的相关要求,还要满足供应商与企业的各个部门和组织的要求。

(1)设计控制要求主要有:设计报告编写、风险分析、产品特性分析、关重件识别与确立、设计评审、转阶段评审等。

(2)生产过程控制要求主要有:生产基线建立及使用、依据文件有效性、设计与工艺一致性、工艺实施过程、人员资质、设备使用、生产环境、检验、试验测试等。

(3)工艺控制要求主要有:工艺文件编制、工艺文件评审、工艺鉴定评审等。

2. 产品专用保证要求重点内容

根据任务特点,零件加工、特种工序、组件和单机等各类产品具有不同内容。

组件专用产品保证要求编制重点如下。

(1)依据单机的设计报告、特性分析报告、工艺总方案及可靠性安全性分析报告等,传递单机特性及风险分析中与部组件相关的特性(含关重件、关键尺寸等)及风险项目,明确相应的控制措施及强制检验点。

(2)根据组件产品特点,组件专用产品保证要求与验收要求可合并编写。

(3)要求供应商在生产基线发生重大变化时,应开展分析验证,必要时应开展试验验证。

(4)组件批次投产时,要求供应商结合产品实际开展批次性筛选试验、例行试验等,具体试验项目及要求依据部组件产品规范实施。

（5）针对组件产品特性，明确技术风险识别与控制、关键特性与量化控制、生产基线建立与变更控制、工艺隐患与检验控制、过程记录与验收控制等方面具体要求。

（6）在供应商完成部组件特性分析后，应结合供应商的特性分析结果，对上述要求进行补充细化。

（7）对供应商的工艺选用、禁（限）用工艺控制、元器件及材料选用提出要求。

（8）明确对二次外协项目的质量管理要求，包括二次外协项目及二次供应商的选定、产品保证要求的传递及验收控制等。

（9）对调试测试类外协任务，除以上要求外还应要求供应商建立设备管理、生产现场管理、异常问题处理、调试元件库管理、风险分析与控制等调试相关制度文件，以及调试细则、数据包模板等实施类文件；明确通用测试设备、专用测试设备及其他重要设备（如高低温箱）的提供、标检、维保职责；明确静电防护、多余物控制、温湿度控制等生产环境控制要求；明确调试过程关键环节控制及异常情况处理要求。

单机专用产品保证要求编制重点如下。

（1）对设计与建造规范、接口规范、环境试验条件、分系统技术要求等输入文件进行梳理，分解确定为单机产品的专用产品保证要求。

（2）对与外协任务相应的、适宜的产品保证标准、规范、规定等进行清理、分析、确认，结合产品特点和供应商特点，编写产品保证专用要求和验收要求。

（3）在产品保证专用要求和验收要求等文件中，应明确有关产品保证或质量保证要求、关键生产环节的强制检验要求及需提交的产品数据包等要求。

（4）正样阶段针对初样技术风险识别和应对措施及验证工作进行分析、评估，提出需要补充、完善的内容，结合正样研制特点，制订正样阶段的外协产品技术要求、产品保证专用要求和验收要求。

零件加工和特种工序专用外协产品保证要求编制重点如下。

（1）产品保证要求中应结合产品特点明确技术状态控制、工艺更改控制、检验、记录控制、不合格品控制、材料控制、验收要求、产品数据包要求等内容。

（2）重点关注关重件/关键工序控制、关键/强制检验点、特殊过程控制等内容。

（3）明确典型特种工序的重点外协控制要求。

以某航天电动机外协专用产品保证要求为例,主要涵盖以下内容。

（1）技术要求:基本要求、技术指标、测试试验要求、测试要求、试验要求、试验条件、生产过程及工艺要求、原材料的选择、环境湿度控制要求、冲片喷胶及选装要求、漆包线与外引线对接线焊接要求、装配过程中对定子线包的处理、对外引线保护的要求、防锈要求、多余物的控制、外观要求、电机判相要求、禁用工艺、交付文件要求、清洁、包装及贮存要求。

（2）产品保证要求:一般性保证要求、产品的标识和可追溯性要求、关键特性与量化控制要求、产品特性分析、工艺量化控制、检测量化控制、工艺隐患与检验控制要求、风险控制要求、强制检验点设置、强制检验点目的、强制检验点内容、执行强制检验点的人员组成、强制检验点时间安排、对强制检验点检验结论的处理。

（3）验收要求:验收准备、验收组人员组成、验收环境要求、验收程序及内容、文档审查、外观检查、接口检查、功能性能检查、验收测试的量具、仪器及设备要求、对超差项目的处理、验收结论的形成、验收后的处理、产品拒收要求。

（4）产品审查要求:外协产品设计评审、外协产品试验评审、外协产品工艺策划评审、外协产品鉴定评审、外协产品转正样评审、外协产品工艺、元器件、材料审查。

（5）产品保证要求落实检查及记录:由需方产品保证人员依据产品保证要求制订《外协产品保证要求落实检查记录表》,明确需要进行落实检查的产品保证项目,并结合外协技术文件评审、强制检验点执行等时机对供应商的落实情况进行检查,根据检查结果形成落实检查记录表,针对检查发现的问题提出改进要求,反馈供应商并监督落实。

采购、质量、设计、工艺等相关人员也应积极参与供应商对产品保证要求落实的监督检查,发现问题应及时反馈供应商和需方相关职能部门。

（6）企业与供应商信息的同步性:通过定期、不定期的信息沟通,确保双方信息互通。

（7）工艺培养:面向外协任务研制及使用过程产生的各类技术难题及共性质量问题,需方与供应商应充分发挥各自优势,深入开展技术交流和宣贯培训,确保工艺技术不断发展,工艺师能力持续提升。

（8）工艺鉴定：通过与供应商开展联合工艺技术鉴定，在工艺技术应用领域进行深入交流与把关，确保外协工艺技术应用完全满足产品研制的需求。

（9）工艺检查：通过对供应商开展工艺检查，在质量问题与隐患控制、工艺文件落实、生产基线执行及变更等方面进行监督检查，确保供应商在产品研制过程中严格落实各项要求。

5.1.2　产保类要求建立及传递

外协任务正式启动前，需方应在充分征求供应商意见的基础上完成外协产保要求的编写。

外协产保要求应在合同签署前连同其他依据文件一并完成传递，并由双方签署外协任务依据文件交接清单。

对于结合供应商特性分析等工作补充形成或升级的产保要求专用部分，也应及时传递至供应商，并更新外协任务依据文件清单。

外协产保要求中应明确以下评审及审查要求。

1. 外协产品设计评审

要求对外协设计报告、产品图样等进行评审，重点对设计指标、功能性能设计、接口设计、可靠性设计、设计的可实现性及设计工艺性、试验验证情况、关键特性分析、技术风险分析等进行审查。

对于确定为型号关键项目的外协单机，应组织供应商制订详细的过程控制措施，并邀请用户参加关键项目产品的设计评审。

2. 外协产品试验评审

根据上级用户对产品环境试验的规定，要求供应商制订试验大纲、测试细则、表格化记录等文件，并组织评审。

组织以上评审时，应邀请试验外协供应商参加。

3. 外协产品工艺策划评审

组织开展外协产品工艺策划审查，在初样阶段重点关注重大工艺技术攻关、产品主要技术指标的可实现性，审查工艺总方案的可行性、可靠性、协调性和可实现性。

组织开展工艺选用确认，重点确认新工艺、禁（限）用工艺、常见工艺问题和隐患控制情况等内容，确认未经飞行验证的新工艺清单及相应的工艺鉴定计划，对所选限用工艺的使用条件及控制措施进行确认，审查供应商梳理出的工艺问题与隐患控制措施,避免常见工艺问题的发生,杜绝将常见工艺隐患带入生产环节。

审查关键工序、关键过程的工艺设计情况,对工艺文件中设置的静电防护、多余物等控制措施、关键(强制)检验点的检验方法、合格判据等内容进行审查。

审查外协产品检验大纲,重点审查过程检验、关键和强制检验点的检验指标、检验方法、合格判据、检验记录等要求是否详细、量化、可操作。

正样阶段重点是针对初样发生状态变化的内容和初样待办事项落实情况进行确认,侧重于技术状态控制、工艺优化、工艺继承性分析、产品质量的稳定性和一致性、工艺可靠性的实现等内容。

4. 外协产品鉴定评审

外协鉴定产品完成全部鉴定试验和相关功能、性能测试后,应组织供应商对产品进行开盖或分解,采取适当倍数的放大镜或显微镜进行目视检查,并进行拍照记录,必要时进行无损探伤检查,对外协产品鉴定后的最终状态进行确认。

鉴定产品完成全部鉴定活动后,参加供应商对鉴定总结报告的评审,对整个鉴定过程进行评估,评价鉴定产品所使用的分析、检验方法是否正确,鉴定试验方法、程序、仪器设备等是否可用于正样产品的验收试验,鉴定产品技术状态是否被确认,鉴定产品数据包是否完整、有效、可追溯等。

5. 外协产品转正样评审

外协产品初样工作完成后,应参加外协产品初样研制总结的评审,重点审查外协产品初样技术流程的完成情况、关键技术解决和验证情况、技术风险控制措施落实情况、单机产品与分系统和系统间接口匹配的情况等内容,对初样产品保证工作计划完成情况进行审查。

外协产品完成正样设计工作后,应参加供应商的正样设计评审,审查正样设计状态与鉴定状态的一致性,针对生产基线变化情况开展的补充验证工作是否充分。

针对关键特性分析结果,正样产品的关重件控制措施是否进行了补充完善。

组织供应商开展元器件、材料和工艺选用过程确认,结合设计评审对确认结果进行审查。

组织评审外协产品技术风险项目清单和技术风险控制表,审查闭环或降级的风险控制情况,以及补充新认识到的风险及控制措施情况等是否符合要求。

6. 外协产品工艺、元器件、材料审查

结合产品工艺总方案,对外协工艺策划文件进行评审。应优选需方工艺选用目录中的工艺、航天行业标准中规定的工艺及型号上飞行验证过的成熟工艺。禁止使用禁用工艺,对于必须使用的限用工艺需开展工艺鉴定或工艺验证工作。

对元器件、材料的选用进行审查,按型号规定的优选目录选用元器件及材料,严格控制目录外元器件及材料的使用管理,没有使用禁用元器件及材料,对于目录外、低等级及限用元器件及原材料,需开展验证、审批工作。

供应商需自行采购原材料或自行采购的原材料信息发生变更时,需要供需双方进行审批。

型号产品用材料,需进行复验,复验机构由供需双方共同确定,并在外协产保要求中明确。使用有贮存期要求的材料时,超出有效贮存期使用时,需进行超期复验。

7. 生产过程不合格品控制

当外协产品发生不合格时,供应商应严格按照不合格品审理程序开展不合格品审理,建立外协产品的不合格审理清单,完整记录产品生产期间出现的所有不合格状态,清单应作为产品保证总结报告或生产过程数据包的附件。关重特性在正样产品研制过程不允许超差使用。

当审理结论确定需要进行质量问题归零和举一反三时,应组织供应商严格按照航天双五条原则进行质量问题归零并进行举一反三,严格待办事项的闭环管理。

供应商在研制过程发生质量问题时应及时上报需方,当供应商其他产品发生与承制的部组件相关的质量问题时也应及时向需方通报。

8. 试验外协控制要求

产品进行试验前,组织供应商开展试验准备状态检查:检查试验文件的有效性、参试人员持证上岗情况、参试测量设备检定/校准状态的有效性、参试设备的完好情况、试验测试和控制软件状态情况及试验环境和资源保障符合情况等。

参与试验过程控制,包括审查试验过程与产品规范或试验方案的符合性、关键岗位的控制、试验数据收集及记录的规范性、试验过程变更控制、试验故障和缺陷的控制措施等。

需方应审查并会签供应商的试验报告,审查试验数据的正确性、完整性。

5.1.3 产保要求培训

对于供应商首次承担的外协任务,需方应在外协任务启动前或启动初期,择机将产保要求具体内容对供应商相关一线人员进行宣贯,推进产保要求深入传递。

产保要求中含有与检验人员相关的强制检验点或最终验收内容时,还应对需方检验人员开展培训,确保相关检验要求得到理解及落实。

5.1.4 供应商对产保要求的分解落实要求

组织供应商针对产保要求通用和专用部分,分别编制产保策划(一般为产保大纲、产保计划等),并逐级传递。需方以文件会签或召开现场评审会的形式,组织审查供应商产保策划文件内容的全面性,重点关注专用外协产品保证要求中规定的内容。

监督供应商在研制结束后应对照产保策划开展产保总结。

5.1.5 研制过程中产保要求的落实检查

由需方产保人员依据产保要求通用+专用部分内容及本流程相关内容,分解制订外协产保要求落实检查记录表,明确需要进行落实检查的产保项目,并结合外协技术文件评审、强制检验点执行等时机对供应商的落实情况进行检查,根据检查结果填写外协产保要求落实检查记录表,针对检查发现的问题提出改进要求,反馈供应商并监督落实。

5.2 质量过程监控管理

5.2.1 质量监造管理

1. 监造要求

监造人员主要针对供应商在产品研制过程中的质量体系、产品保证工作、静电防护体系、多余物防护管理等方面进行现场监督指导。监造并不减轻供应商的质量责任,监造单位不能代替委托人对监造项目开展最终的质量验收。

2. 监造准备

1）监造的一般形式

外协监造一般分为针对指定批次的专项监造和长期驻厂监造两种形式,可以根据任务特点、供应商工艺水平、供应商管理能力、产品质量状况等进行区分。

2）供应商确认

需方如果想要对供应商进行监造管理,首先要与供应商就监造工作进行沟通确认,获得监造许可。在合同中写明许可条款以后,企业才可以对供应商实施监造。

3）监造人员培训

需方对监造人员实施培训。培训内容应涵盖与被监造项目有关的资料文件、生产依据文件、监造策划、监造报告编写要求及需方相关规章制度等。

对于长期驻厂外协监造项目,应定期对监造人员进行培训。培训时间一般以年度为周期,也可视所内相关规章和技术要求发布情况、监造工作情况及供应商质量状况适时对监造人员进行培训。

对于新设置的外协监造项目,监造人员须通过考核方能正式开展监造工作。

3. 监造过程实施

1）监造工作的策划

监造人员依据外协任务投产策划和产品特点编制监造策划,明确外协监造项目、生产基线信息和关键控制点。

2）监造项目信息向监造人员的传递

需方及时将投产计划、在线产品进度信息、涉及供应商的不合格品审理信息和其他质量信息发送监造人员。

3）现场监造工作的开展

监造人员应按监造策划,对供应商的质量体系运行、产品保证工作、静电防护体系运行情况及承制监造项目人员的资质等进行监督和巡回检查。具体职责包括以下内容。

开展产品保证要求的宣贯,参加供应商重要研试文件的评审,参加供应商生产准备评审。

熟悉与被监造项目有关的法规、规范、标准、合同、工艺方法等资料文件。

熟悉与被监造项目有关的图纸、产品保证要求、工艺文件等依据性文件。

结合外协产品保证要求,熟悉被监造项目的保证大纲或保证计划。

外协投产前,检查外协任务依据文件符合性。

外协加工过程中,依据供应商生产基线报告监督供应商生产基线的变化情况,重点关注监造执行过程中发生的工艺技术、依据文件、重要岗位、重要设备等生产要素变化情况。对于基线变化,监督供应商使用技术状态更改申请表上报需方,同时确认需方批准手续,监督供应商基线变化后的落实情况。

检查操作人员资质及配置情况的符合性,仪器设备、工装的符合性,现场工艺文件和记录表格的完整性、正确性和有效性等,检查生产、调试、测试等现场防静电和多余物控制措施的符合性。

检查确认外协产品零组件、标准件、元器件、材料质量证明文件及检验报告,零部组件关键特性参数和超差代料情况。

参加特殊过程的确认工作,监督检查外协产品固封前、合盖前、装配过程等关键环节拍照记录情况。

监督供应商按照质量体系要求对不合格品进行处理,并参加供应商不合格品审理,监督审理流程的有效性及审理闭环情况。

参加需方下厂验收时组织的不合格品审理。

对外协产品质量问题归零和举一反三落实情况进行监督检查。

监督供应商风险分析工作,并监督供应商将相应的风险分析报告上报需方产品保证中心。

负责对待验收产品文件的齐套性、数据包签署的完整性、产品完工状态和监造过程发现问题的闭环情况进行确认,并签署验收申请表。

参加供应商质量分析类会议及其他质量活动。

4. 监造过程总结

1) 紧急监造信息的传递与处置

对于供应商单方面发生关键工序、重要人员或重要设备状态变化、批次或重大质量问题、操作人员严重违反工艺纪律;生产线静电防护不符合要求;操作人员不具备相应资质等情况时,监造人员应立即要求暂停相关任务进程,向供应商下达整改通知单。

2）监造报告的编写

监造人员依据监造策划和监造工作实际开展情况,按照监造报告模板编写监造报告。监造报告一般以月报形式完成,对于短期监造在每批次产品验收完成后编写。

5.2.2　生产基线管理

1. 生产基线的建立

1）一般要求

生产基线是供应商经过正式确认的,在外协任务技术状态基础上进一步细化和扩展的输出文件,用于描述和规定产品生产测试阶段状态并由供应商进行使用控制的一系列文件,主要包括设计图样、工艺文件、检验文件、测试文件、产品保证文件等。

生产基线报告是产品生产基线的文件载体。生产基线报告的存档,标志着产品生产基线正式建立。

2）生产基线适用范围

生产基线主要适用于批量、重复性投产的单机、组件研制、组件加工及工序类外协任务。

3）生产基线建立

供应商接到需方传递的外协任务依据文件后,组织开展生产基线的梳理和建立工作,需方指定部门对供应商生产基线的建立进行追踪及辅导。

生产基线一般建立在第一个/批正样产品投产前,对于已建立生产基线的外协任务,供应商应严格按生产基线进行投产准备确认和投产。

2. 生产基线的执行与控制

外协任务正式投产前,由供应商按照生产基线报告进行投产准备确认,必要时要求供应商对生产基线报告进行版本升级。

产品生产过程中,供应商应使用生产过程数据包或专用记录,依据生产基线报告对生产基线符合情况进行确认和记录。

生产基线建立以后,供应商在加工过程中如果出现人、机、料、法、环、测各要素的更改,应在执行本单位技术状态控制程序后向需方提交审批手续。

产品提交验收前,供应商根据生产基线执行过程记录及发生基线变化时使用的技术状态更改申请表,填写生产基线变更记录表,对在产品实现过程中的基线变化情况进行汇总,对生产基线执行情况进行闭环。

3. 生产基线检查

生产基线报告的审核主要包括:生产基线报告仅在首次建立时进行双方审核,重复使用时不用再次审核;供应商通过内部评审后,需方组织审核组赴供应商生产现场进行生产基线报告审核;审核通过后,生产基线报告由供应商先期归档,待投产准备时启用。

生产基线报告审核内容主要包括:生产基线各要素的内容合理性,各要素是否可用于确定和固化生产基线;生产基线各要素与所内生产基线和输入文件的符合性;生产基线报告中各要素与实际生产线上相应要素的一致性,生产基线报告是否能够真实反映生产线生产实际状态;生产基线各要素的可追溯性、可检查性,生产过程记录是否能反映生产基线的执行情况;正式审核通过后形成审核报告,记录审核过程和结论;不涉及关重件、关键/强制检验点、关键尺寸等关重环节的生产基线报告建立、审核或版本升级,在双方认可后可裁剪现场审核流程。

5.2.3 质量信息互通

1. 质量信息传递规则及方式

质量信息通报包括:质量信息通报一般面向长期、大量承担需方外协任务的重点供应商定期报送;面向发生重大质量问题或存在重大质量隐患的供应商临时报送,一般为归零通知单。

针对供应商定期质量信息的通报,频次以季度为宜。

针对供应商重大质量问题的临时性信息通报,如归零通知、专项质量问题分析通知等。

(1)定期质量信息通报,采集供应商相关的产品交付信息、不合格品审理信息和其他质量问题信息,并对以上信息进行统计分析,识别供应商存在的主要问题,提出改进建议,并根据供应商质量形势确定是否需要供应商进行综合质量分析。

(2)临时性质量信息通报,面向重大质量问题,将问题现象,问题发生的环节、时间、地点,产品工作状态,符合研制要求的正常现象,以及对产品质量、研制进度造成的影响等方面进行概要性说明,并明确供应商完成归零或专题质量分析的时间节点。

（3）质量信息通报直接报送供应商主管质量供应商高层领导。

2. 联合质量分析

质量分析会主要对供应商承接需方外协任务的质量管理工作进展、质量问题及闭环情况等进行汇总并开展分析,查找供应商在生产过程中发生的共性、批次性问题的根本原因,研究并制订有效的解决方案,监督问题的闭环,同时也作为及时发现质量隐患,促进各方信息及时传递的机制,以提升外协产品质量。

联合质量分析是结合供应商质量形势,企业与供应商定期共同对质量管控进行探讨,并通过召开质量分析会进行研究。

质量分析会一般在供应商召开,由需方组织相关部门参加,重点针对确定的核心问题或主要问题共同进行深入分析。

5.2.4　多级供应商的质量控制

宇航产品配套供应链复杂,存在多级次的供应商。其中"级"是指按照型号产品结构,从总体、分系统、单机、部组件逐级往下分解,直到最末级。"次"是以单位为主体的协作配套层次,直接为本单位配套的供应商为一次供应商,为本单位一次供应商配套的供应商为二次供应商。依此类推,包括一次、二次乃至多次。

供应商管理应追求全级次供应商管理,即不仅掌控一级或一次供应商信息及质量控制能力,还要建立全级次供应商网络,通过互利共赢、要求传递、文化共建等实现多级次供应商的全面管控,所以要多手段推动全级次供应商质量管理。

（1）制订供应商质量管理标准,明确提出对供应商的质量管理体系要求,探索宇航企业"先进质量体系"要求并不断完善供应商质量管理体系要求,基于产品分级分类,统一产品质量保证要求,并建立有效传递机制,传递到供应商和次级供应商,实现横向一致、纵向贯通。

（2）多级次供应商管理要在复杂产品的开发过程中,以有限的时间、资源为前提,为实现统一的项目目标,将不同领域、不同地理位置的企业依照特定的层级关系组成动态联盟,进行协调一致的项目活动。

（3）在供应商评价的基础上,还需要动态管理供应商,使供应商结构得到优化,设立优秀供应商奖,制订奖励机制,依托供应商大会对供应商绩效进行展示。

（4）加强供应商分类管理,针对战略供应商和重要供应商,推行品质工程师(joint quality engineer, JQE)制度。选择战略供应商和重要供应商有意愿改进且潜力较大的供应商设置JQE作为与SQE对接的质量窗口人员,给予明确授权,建立配套激励,负责协助SQE制订质量控制点及控制措施、监控供应商生产过程、向SQE反馈质量问题与纠正措施、提交日常质量报告等。

（5）鼓励优秀的二次、三次供应商成为一次供应商,压缩配套层级。

（6）外协供应商必须依据二次外协任务特点将产品保证要求进行分解,并在二次外协任务启动前传递到二次外协供应商。

（7）二次外协任务实施过程中,外协供应商应对产品保证要求落实情况进行监督检查;在二次外协产品验收时对产品保证要求落实情况进行总体评价。

（8）当二次外协供应商承接关键项目、关重件或二次外协任务涉及三类关键特性的,任务协出部门应考虑在二次外协任务的关键环节设置强制检验点进行控制。

（9）各级次供应商按上述要求对下一级次供应商负责。

【案例5】 +-+

波音公司多级供应商管控

1999~2001年,波音公司外部供应商只限于原材料供应,主要生产集中在波音公司内部;2001~2002年,波音公司将内部重点放在装配和装运上,原材料的供应、订购生产、使用交付和存贮主要由外部供应商进行;2004年至今,波音公司进一步优化了其供应链,将内部重点放在装配、组合及装运上,外部供应商依旧负责原材料供应、订购生产、使用交付和存贮。其演变情况如图5-2所示。

波音公司将外部供应商分为一级、二级和三级,组成供应商网络,将波音公司内部的要求进行逐级扩展,从而更好地从源头控制产品的质量。

在2004年之前,波音公司的一级供应商主要生产分系统的零部件和组装件,承担的风险较小,参与设计和研发过程较少。目前,波音公司的一级供应商承担责任越来越多,主要包括项目管理服务、指导综合产品工程和开

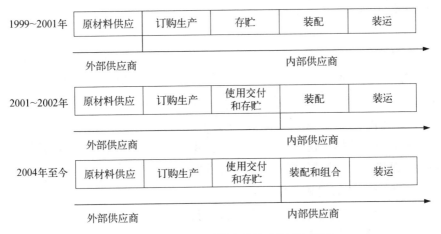

图 5-2 波音公司对供应商管理的演变过程

发、参与开发产品寿命周期、参与商业管理活动、提出财务管理解决方案以及与波音公司建立合作的组织结构。二级和三级供应商也逐步发生了转变,更注重与其下一级供应商的合作并实现卓越的制造。图 5-3 展示了波音公司供应商的网络关系。

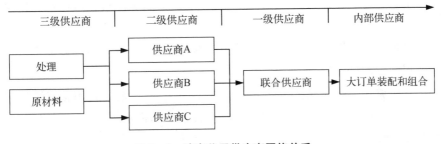

图 5-3 波音公司供应商网络关系

5.2.5 数据包管理

对于宇航产品来说,生产过程数据覆盖加工、装配、检验、调试、试验等产品研制的各个环节,需具备完整性、记录规范性及可追溯性。具备条件时,还应追求数字质量管理理念,引导供应商通过信息化手段形成生产过程电子化数据包,提升生产效率及生产过程数据记录质量。

要求供应商严格开展数据包的策划与编制工作,产品研制过程中严格按数据包策划内容进行数据记录、收集、汇总,确保产品生产过程数据包中各项质量记录的完整、正确、可追溯。

对于各级产品装配、调试过程的不可测试项目和关键工序管理,数据包中应确保关键控制点质量记录的量化和可追溯性,尤其对反映产品重要质量状态的环节,如不可检测项目及不可逆过程的控制结果、产品合盖前后、产品装配的最终状态须留下数码照片,并纳入数据包管理。

生产过程数据包视同产品管理,对数据包不符合要求的,可以通过不合格品审理进行把关控制,以确保生产过程数据包的质量。

1. 生产过程纸质数据包管理

1）各类外协任务数据包分类实施要求

各类任务都应在外协产品保证要求中明确生产过程数据采集要求。产品保证要求中已经制订了数据包模板的,供应商按数据包模板进行过程记录并提交验收;产品保证要求中要求供应商建立数据包模板的,由供应商建立数据包模板、需方确认后方可投入使用。

下面举例说明数据包分类建立要求。

零件加工类外协任务,不强制要求建立数据包模板,但须提出数据包数据采集要求,供应商按要求采集生产过程数据,形成生产过程数据包并提交验收。

电装固封类外协任务,须制订数据包模板,供应商按数据包模板进行生产过程记录,并提交验收。

工序类外协任务,结合任务特点及供应商过程管控能力,须提出数据包数据采集要求或制订数据包模板,供应商按数据包模板进行生产过程记录,并提交验收。

组件、单机类外协任务,结合任务特点及供应商过程管控能力,须提出数据包模板制订要求或制订数据包模板,产保要求中已经制订了数据包模板的,供应商按数据包模板进行过程记录并提交验收;产保要求中要求供应商建立数据包模板的,由供应商建立数据包模板、需方产保人员确认后方可投入使用。

2）外协数据包的验收及完善

对于供应商生产过程数据包应形成持续改进机制,外协数据包要求或数据包模板存在的问题,由发现者及时反馈相关部门或人员,由数据包要求提出者负责在下一次任务启动前完善数据采集要求,或由数据包模板提出者负责在下一次任务启动前完善数据包模板。

2. 生产过程电子数据包管理

电子数据包基于信息化平台实施,一般采用结构化形式进行生产过程数据存储,包括表格、文件及多媒体等。

1) 电子数据包模板的编制要求

电子数据包模板编制时,要依据产品图纸、产品特性分析报告、产品测试覆盖性分析报告、工艺文件、产品检验大纲等:

(1) 落实关重项目(关键项目和不可测试项目)、关重件、关键工序的所有控制措施;

(2) 对关键工序、生产阶段产保要素进行标识;

(3) 明确图像采集要求,重点是不可检测项目、不可逆过程、产品装配最终状态等控制结果,图像留底的时机一般应包括芯片落焊后、单板或整机固封前后、整机固封前内部走线状态、主体结构或关键件固封后、关键(强制)检验点等重要关注点。

充分策划并落实生产过程中量化记录要求,包括:

(1) 涉及产品干涉环节、电安全距离、拧紧力矩、配合尺寸链等有明确量化要求的,需要明确实测值范围并记录实测值;

(2) 产品过程控制尺寸,需记录实测值;

(3) 产品设计或工艺有明确要求需记录实测值的,应按要求记录。

审签发布:

(1) 电子数据包模板编制完成后,为确保模板正确性,可在电子数据包信息化平台组织进行模拟流转,由使用电子数据包模板的生产人员及其他相关人员,模拟实际生产过程对电子数据包模板进行审查;

(2) 电子数据包模板确认无误后,由模板编制人员执行审签发布流程;

(3) 为便于管理,应将发布后的电子数据包模板以产品为维度,建立电子数据包模板配置,即包含该产品全部物料的电子数据包模板。

2) 生产过程信息化数据采集

在实际生产过程中,由供应商生产人员依据工艺流程,逐步完成数据采集,并提交对应工序。

电子数据包应尽可能实现全过程结构化数据采集,对于必要时采集的非结构化数据,例如照片、视频、电子文档等也应上传至电子数据包系统。

若某数据在其他信息化系统可检索,电子数据包系统内允许仅记录电子化数据的表单号。

针对返工返修过程数据采集,推荐采用电子数据包形式进行记录;若情况紧急也可采用纸质数据包,但应采用将纸质文件拍照上传或记录纸质文件归档编号的方式,来保证基于电子数据包的质量追溯性。

5.2.6 现场检查管理

生产现场作为宇航产品实现设计要素的第一线,是质量管理的重点对象,也是质量问题的多发环节。有效的供应商管理,需要帮助供应商不断提升生产现场管理的系统性和规范性,避免发生低层次质量问题的隐患,监督产品保证各项措施的执行,确保产品的质量稳定性与可靠性,实现上述目标,供应商现场检查是一种有效抓手。

(1)供应商生产现场检查应由企业固化检查机制,需方可以在每年年初组织各相关业务部门开展讨论,重点对战略和重要供应商开展生产现场检查策划,形成检查计划清单,全年根据供应商的实际订单情况或质量状况进行动态管理。

(2)一般来说,供应商生产现场检查的范围主要针对当年具有批量订单的供应商中,在近期产品质量形势波动较大或质量问题多发的供应商,或上一年度绩效考核为 C 级(合格)以下的供应商,以及承制企业重要供应品类任务的供应商。

(3)供应商生产现场检查应制订检查清单,检查发现的问题列入清单并追踪闭环,以实现对供应商的持续改进进行监督。生产现场检查清单内容应结合产品特点及供应商实际生产能力设置,主要包括但不限于以下内容:生产过程产品保证管理、工艺技术及工艺纪律、历史质量问题改进措施的落实、产品保证要求落实、生产环境、多余物及静电防护管理、生产设备和工具、工装管理、人员资质及考核管理、元器件、材料控制、检验及检测管理计划管理。

【案例6】 ·+·

供应商现场检查

表5-2给出了某供应商的现场审查单。

表 5 - 2　某供应商现场审查单

序号	检查专业内容	检查文件	检查情况、存在问题	改进建议	是否采纳	见证材料及内容	责任人（单位）	完成时间	问题提出人
1	管理	程序文件：不合格品审理	二级不合格品未明确审理组长，未明确型号主管工艺主管职责	建议细化不合格品审理细则，明确责任人及职责	采纳	修订程序文件	XX	8月15日	XX
2	管理	不合格品审理系统	部分审理单中纠正措施写成加强检验、仔细加工等不量化要求	建议细化量化要求，便于操作理解到位	采纳	对审理人员进行培训	XX	8月15日	XX
3	现场	定子绕线现场	现场无 6S 管理要求	按照 6S 管理要求进行管理	采纳	按照 6S 管理要求执行	XX	8月30日	XX
4	现场	马达零组件清洗	清洗器皿不干净，存在污垢	建议清洗器皿定期清洁；马达球碗、半球等零件使用沙式(擦拭)清洗	采纳	加强现场管理，严格执行工艺文件	XX	8月30日	XX
5	……								

5.3　质量验收交付过程管理

5.3.1　验收质量评审

1. 外协验收申请

外协产品验收前由供应商向需方提交验收申请，并对产品的完工状态、验收文件齐套情况和供应商的自验收完成情况进行确认。

2. 验收组成员及职责

为控制成本、明确验收职责,针对不同任务特点须提前指定验收组成员。

3. 验收质量评审

在验收完成后由需方组织召开验收评审会,验收组听取供应商研制总结报告,对验收生产测试情况、过程记录审查情况及验收发现的问题进行总结,对外协产品保证要求落实情况进行评价。

4. 验收记录

外协产品通过验收后,由需方组织编写验收报告,记录产品验收参数、验收结果、产品存在的问题及问题解决过程。

5.3.2 验收数据及质量信息统计

验收工作完成后,不合格品审理组织者应及时将相关审理信息录入质量管理信息系统。需方负责对外协产品的验收数据及质量信息进行统计分析,对以上统计信息进行统一管理,并纳入需方质量月报。

5.3.3 不合格品处置

1. 外协验收过程的不合格品处置

(1)当外协验收过程发现不合格品时,按程序组织不合格品审理,对不合格品进行处理。

(2)对供应商随产品交付的配套文件应等同产品实物进行要求,对交付文件存在的严重不符合项可以组织不合格品审理。

(3)如外协产品因供应商原因未满足验收条件,或验收过程发现批次性不合格,验收组有权拒收产品。

(4)当外协产品保证要求落实存在重大问题或外协产品质量严重不满足要求时,验收组有权拒收产品。

2. 交付后的不合格品控制

对于已经完成交付的外协组件,必要时由供应商配合开展交付后的整机装配及试验等工作,对于此过程及后续使用过程发生的相关质量问题,组织供应商配合开展不合格品审理、不合格品处置及问题归零等工作。

5.4 供应商质量改进

5.4.1 供应商质量风险控制

要加大对供应商交付质量方面的评定,完善企业的供应商质量代表责任制。对于关键供应商,培养一名专职人员负责供应商的产品交付质量,并对供应商培训相关产品的质量要求,通过供应商的交付质量与质量代表绩效挂钩的方法,激励质量代表。这样,企业的产品检验就可以迁移到供应商处,有利于提高供应商交付水平,有效控制供应商质量风险。还要提高质量意识,健全质量管理体系。提高管理层对零部件质量的重视程度,严格按照与客户标定的质量先期策划和控制计划来执行,完善质量管理体系,提出明确的质量管理方针和目标。加强对内部质量管理人员和操作人员的管理和培训,促进供应商质量管理文化发展。定期进行内部审核,建立质量问题预警和反应机制。

5.4.2 供应商信息沟通机制

企业与供应商合作过程中有一种风险称为信任风险,而供应商与企业之间信任风险的产生在很大程度上是沟通缺乏造成的,因此为了防范此类风险,企业要与供应商共同讨论建立一套有效的沟通机制。一方面,企业要经常就质量控制、交期表现及企业后续需求等方面与供应商进行沟通交流,让双方保持信息的一致性和准确性;另一方面,沟通机制还要确定双方沟通人员的层次结构,不同程度的信息要在相应级别的人员间进行交流,这主要是考虑沟通效率,以及有些敏感信息需要保密的要求。

5.4.3 科学的供应商风险控制计划

为了使供应商风险控制的工作取得成效,必须依据科学合理的计划。从企业的经营实际出发,供应商风险控制计划包含风险规避计划和风险管理计划。监督供应商建立常态的、定期的风险识别机制,使风险识别与预防常规化管理,完善风险汇报的上下、内外沟通机制,保证识别出的风险能够及时得到反馈。该机制要能促使企业不断改革创新,并能积累相关经验,促使企业稳定地发展。

参考文献

姜宏锋,邢庆峰,2020.供应链质量防线：供应商质量管理的策略、方法与实践[M].北京：
　　机械工业出版社.
李跃生,苗宇涛,米凯,等,2016.国外航天质量管理[M].北京：国防工业出版社.
马士华,林勇,2017.供应链管理[M].北京：机械工业出版社.
肖迪,2014.供应链质量控制及契约协调机制研究[M].杭州：浙江工商大学出版社.
中国航天科技集团公司,2017.产品保证[M].北京：中国宇航出版社.
中国航天科技集团公司,2017.航天质量管理方法与工具[M].北京：中国宇航出版社.

第六章 战略采购

6.1 战略采购的发展背景

战略采购思想源于 20 世纪 70 年代的日本制造业,"战略采购"由科尔尼公司于 20 世纪 80 年代首次提出。

采购的战略角色日益重要,采购部门已成为更具战略性的部门。大多数企业,其采购额占营业额的 50% 以上,如图 6-1 所示,为各个行业采购额在营业额中的比重,例如航空航天/国防行业,采购额占比高达 48%;工程/建筑、医药和化工制造等行业,采购额占比高达 60% 以上。正如美国通用公司前 CEO 杰克·韦尔奇说:采购和销售是公司唯一能赚钱的部门,除了这两个部门其他所有部门发生的都是管理费用。正是因为采购对企业利润的巨大影响,越来越多的宇航企业重视采购业务。

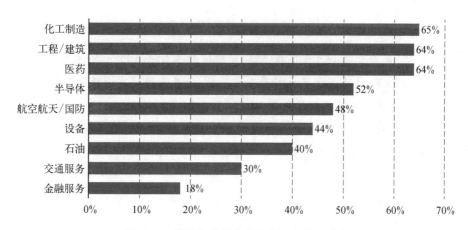

图 6-1 销售与总投入的比例:跨行业对比

【案例7】 ··

采购价格和企业利润的关系

企业的税前利润=销售收入-总成本

= 单价×销售量-单位变动成本×销售量-固定成本总额

那么增加税前利润的途径有哪些?

假设某公司的年销售额为 1 000 万元,总成本为 950 万元。公司拥有 500 万元的资产,其中 200 万元为库存。购入物料的成本占销售额的 50%。使用标准资产回报率模型来分析,如果采购价格可以全面下调 5%,那么资产回报率将提高多少(图 6-2)?

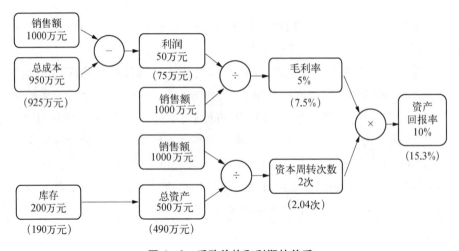

图 6-2 采购价格和利润的关系

可见,采购价格小幅度下降 5%,可以使利润增长 50%。使库存价值降为原来的 95%,以此减少了公司资产的基数,使资产周转率由原来的 2.00 提高到 2.04。资产回报率从原来的 10% 增长到 15.3%,提高了 53%。所以采购组织的绩效对公司生产总成本的控制乃至公司的成功有非常重要的影响,它与生产、财务、营销、人力资源等职能具有同等地位。

·+·

从采购业务发展过程来看,主要包括四个阶段:事务性采购阶段,价格采购阶段,价值采购阶段,战略采购阶段(图 6-3)。从传统采购到价值采购、战略采购转变,从主要面向供应商到面向研发、市场和客户转变,最终把采购建成公司的核心竞争力之一。战略采购逐渐上升到企业战略层面,从战略层处理采购决策过程。企业也从最初的关注交付和价格的"价格采购"、到如何降低采购成本提升采购价值的"价值采购",逐渐到采购如何支撑企业战略提升核心竞争力的"战略采购"的发展路径。

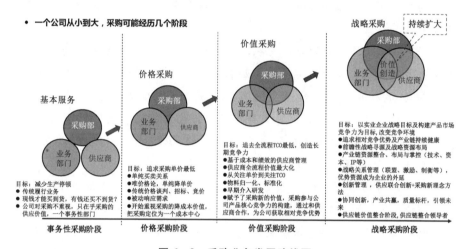

图 6-3　采购业务发展路线图

【案例8】

华为战略采购内涵

什么叫战略采购? 和传统采购的区别是什么? 2018 年,在华为第十二届核心供应商大会上,华为轮值董事长郭平表示,华为将进入"采购3.0"时代,即战略采购时代。在与核心供应商的合作中,华为大致经历了三个阶。

第一个阶段:"采购 1.0"时代(20 年前),建立了基本的采购框架及流程体系,与供应商构筑低成本优势,确保及时准确交付,实行价格采购。

第二个阶段:"采购 2.0"时代(10 年前),向主流汇聚,关注全流程采购TCO(总拥有成本),获得采购综合竞争优势,实行"价值采购、阳光采购"。

第三个阶段:"采购 3.0"时代(已经开启),即战略采购,与核心供应商打造新型战略合作关系,聚焦公司战略目标的实现。

华为未来的"战略采购"具有以下特点。

(1) 以支撑企业商业成功为最终目标。传统采购强调规则的制订与遵从,未来战略采购要以业务结果为导向,专注支撑企业商业成功。这要求我们与核心供应商实现战略匹配,建立研发、采购、市场、供应等跨功能领域的全面连接,增加合作黏性,但同时我们也不保护落后。

(2)联合创新,共同引领产业发展。传统采购是基于现有能力和资源进行选择,未来战略采购要解决产业链发展薄弱甚至空白的场景,这要求我们与核心供应商要敢于投入,建立鼓励联合创新的机制,支持产品持续领先。

(3)建立互信互助的合作关系。传统采购关注中短期收益,未来战略采购要关注长期战略目标的实现。这要求建立互信互助的机制。我们希望供应商安全、健康地活着,这是你们的需要,也是华为的需要。

(4)构建供应坚韧性,保障业务连续。传统采购要求及时交付、快速响应,未来战略采购要具备供应韧性,应对各种极端情况。这要求我们与供应商建立完备的 BCM 体系,建设强健的供应链条。

(5)利用数字化技术,建设极简交易模式。华为致力于通过数字化技术简化交易链条,建设极简交易模式,把资金、人力和资源投入到更有创造力的工作中去。战略采购与传统采购之间的一般差异是,传统采购仅仅是买方和供应商之间的交易,而战略采购是所有本地和全球资源的整合和协调。当然从本地采购到全球采购是个渐进的过程。

这个渐进的过程一方面是因为本区域可能没有具备某些关键技术、设备和工艺的供应商和资源(比如高端芯片),或者随着客户的业务发展到国外,相应的供应商资源也发展到国外。

另一方面也是削减成本的需要,例如我们常说的从高成本国家(欧洲、北美国家),到中等成本国家(新加坡),到低成本国家(中国),再到超低成本国家(越南、柬埔寨)。同时,也可以有效克服国内供应链中断或法律法规可能带来的供应链风险。

而从更深的层次上看,与传统采购相比,战略采购的一个主要区别在于它超越了采购的范畴,专注于融合买方和供应商,以及买方与供应商之间的可持续发展关系。目标是借助供应商的力量,开发供应商的能力,整合和补充供应链中各个合作伙伴的核心竞争力以及相互依存的关系,以便为客户提供价值、成本效率和独特性。

由于战略采购将供应商的战略层面和能力(如强调质量管理实践,流程管理能力,设计、开发及降低成本的能力,数字化的能力等)纳入决策过程,因此企业可以获得准确的信息和一流的市场结果。而没有采取这种做法会导致缺乏可见性,合作机会和成本协同效应被误导等。

过去,管理层根本不认为战略采购是一种价值创造活动,因此,这个领域或是投资不足,或是被忽略,或是不被当作公司的利益范围。随着时间的推移,战略采购的价值得到越来越多的认可。因为其可以降低成本并确保公司内所有部门的资源输入具有可用性。

6.1.1　宇航企业战略采购定义

随着采购管理能力的提升,先进的采购理念和采购方法被引进来,战略采购的理念也逐渐引入。宇航企业对战略采购的定义是:在保持或提升质量、服务、技术水平的前提下,以节约采购总成本为出发点,通过建立一种结构化的、系统性的采购流程和专业化人才队伍,利用外部供应市场,构建数据驱动型的新型采购体系,满足企业的业务需求,支撑组织战略。战略采购的管理理念,是与组织战略相关联、进行日常采购运营的进程,既要和企业的战略相一致,又要对未来的采购战略进行展望,其内涵包括如下方面。

(1)战略采购的目标是提高组织核心竞争力。

(2)注重总成本管理。宇航企业的"多品种、小批量"的生产模式,以及高可靠要求,注定了采购成本比规模采购的行业(如汽车等)高。同时,这种小批量的采购模式,注定了质量管控的复杂度。据统计,宇航企业质量问题的60%是由于供应商原因,采购的质量成本也在逐渐上升。宇航企业也逐渐将质量成本纳入统计和分析。

(3)建立双赢关系,供需双方整体利益最大化;供应商关系持续管理,确保每一个供应商都经过战略规划和管理,确保实现最大价值。

(4)建立采购能力。一是采购管理专业化。对标GE、西门子、华为等国际国内先进企业,越来越多的企业设立专门的供应商管理人员,在供应商寻源、开发及绩效管理方面,设置专业化岗位,促进供应商管理由职能化向专业化转变。例如中国商飞,设置了采供与物流中心,专门负责采购和供应商管理。二是建立结构化的、系统性的采购流程。三是建立良好的采购战略,以实现内部供需力量与外部供应市场博弈。四是搭建工具平台,实现数字采购。

（5）要具有战略采购的环境,能对战略采购进行有效管理:在战略层面上组织对执行采购与供应商管理的规划、能够胜任的专业化的人才资源、结构化的业务流程、专业化的组织设计、数字化采购平台、合理的内部绩效考核指标及供应商绩效考核模型等。

【案例9】 +-

某企业向战略采购转变的案例

某企业的采购业务现状:

（1）采购人员学历普遍较低,以大专/本科学历为主,占据整个采购队伍的83%;采购人员的人员组成较杂,有技术人员转做采购,也有其他管理部门转过来做采购;企业很少配备高学历、专业对口人员,例如供应链专业、采购专业的几乎没有;

（2）供应商管理职能分散在多个部门,供应商管理架构松散,难以对供应商形成合力,亦未能建立有效的供应商治理结构;供应商一般由需求部门指定,设计师指定供应商现象较多;外协外包采购人员分散在各个研究室,供应商名录设在质量处,负责供应商资质管理;

（3）采购人员更多的是做采购履行,即日常事务为下单、催货、签合同及付款;即使这样,仍然缺料严重,该来的物料没来,呆滞物料成堆。

在这种企业环境下,供应商管理停留在执行层面,缺乏系统性统筹管理,没有与需求、预测相关联导致协同效率低,风险抵抗能力弱,经常出现供应短缺、供应能力不足的问题。供应商管理过程中,往来信息传递逐层衰减,准确性、及时性未得到保障,增加协作管控风险。

面向战略采购的采购业务变更。

2019年开始,该企业逐渐认识到供应商管理对企业核心竞争力的影响,决定强化供应商管理,为实现传统采购向战略采购的平稳过渡,建立有竞争力的供应体系,首先从组织层面进行调整。

（1）构建层次化组织架构,逐级压实责任。

构建三层供应商管理组织架构,强化集中决策,分散操作:建立供应商管理委员会,对供应商布局开展长期规划、战略决策、业务指导;成立供应商管理办公室,负责供应商体系建设与能力培养,并从寻源、开发、绩效三方面对供应商实施全生命周期管理;成立执行采购专业化团队,专职从事采购订单履行、计划跟踪与闭环(图6-4)。

图6-4 供应商管理组织架构

（2）建立专业化管理岗位，确保流程高效运行。

按照供应商全生命周期管理流程设置专业化管理岗位：品类管理、寻源、准入、执行采购、质量管理、绩效管理、价格基线及成本管理，上述岗位由供应商管理办公室负责统筹，如图6-5所示，各岗位不相容，预防廉政风险。

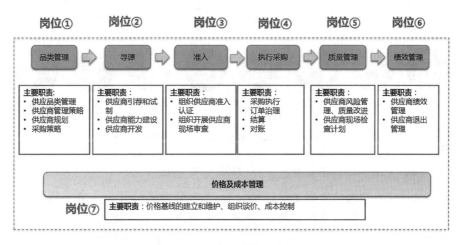

图6-5 专业岗位配置图

设置执行采购岗位，制订采购订单检讨与考核制度，通过采购订单跟踪、风险识别与控制管理，提升订单履行能力，确保订单保质、保量、按时交付。

（3）强化能力建设与技能培训，提升专业化水平。

善于学习和借鉴国际先进的供应商管理经验和理念，构建能力矩阵，针对性制订供应商管理岗位的培训和培养计划。例如，辛童提出了采购人员具备的13项技能，其中必备技能7项，差异化的采购能力6项，并结合业务成绩和素质考评结果对人员持续进行分析。美国供应管理协会于2015年开发了供应管理的胜任力模型 ISM Mastery Model®（图6-6），建立了一套全面的基于卓越能力的全球供应管理从业人员标准。并且，美国供应管理协会还推出了 CPSM 认证（注册供应管理专家），这是针对全球供应管理专业人士的专业认证项目，在全世界被公认为卓越供应管理专业人士的黄金标准，在制造和非制造领域都适用。CPSM 是 ISM Mastery Model® 框架的组成部分。本企业拿出专项资金，安排核心员工参加美国供应管理协会的 CPSM，拓宽了采购人员的管理视野，提升了专业化水平，并为采购业务的变革提供了智力支持。

图6-6 供应管理人员胜任力模型

（4）建设供应商关系管理系统，降低交易成本。

建设供应商关系管理平台（SRM），一是对供应商进行全生命周期管理，实现型号全级次供应商线上注册，规范供应商准入、细化量化供应商绩效评价模型，建立供应商退出机制，实现全级次供应商全生命周期精细化闭环管理；二是建立数字采购，包括采购需求的统筹管理、采购策略管理、从订单到支付的全流程管理（P2P），实现采购供应链主要环节的在线业务协同，规范采购行为，提升协同效率，降低采购成本，实现产业链需求预测及供应能力匹配；推动数字化运营。定期输出采购及供应商运营报告，包括供应商统计分析、采购数据分析等报表，实现供应链运营状态的实时掌握及线上智能决策支持。

战略采购转型取得的收益。

供应商质量、交期、成本控制能力全面提升。外协供应商总体质量形势向好,质量问题呈明显下降趋势。对重点供应商质量数据进行统计,2019 年同比 2018 年,外协原因不合格审理数量下降 8%,机械类零件一次交检不合格率下降 35%,电子类零件一次交检不合格率下降 30%,生产原因外协不合格审理比例下降 5%;供应商订单履约能力大幅提升,按时交付率由 2017 年的 66% 提升到 2019 年的 87%;采购成本下降明显,2019 年外协及物资采购成本较历史基线下降 8%。

供应商管理协同能力全面提升。通过供应商管理体系建设将原来各部门分散管理向集约统筹转变,促进所内部门随责任变化进行组织转型,强化所内各部门协同及供应商与企业协同,通过建设信息化系统,实现了供应商管理与采购业务的集成与贯通,促进采购效率提升,通过云平台发布采购需求 64 784 条,询价单 4 511 张,采购合同 2 715 个,平均商务周期缩短 40%,物料平均齐套时间缩短 30%。

实现企业与供应商双赢。通过将所内实践证明行之有效的先进管理方法向供应商推广,创造了促进供应商管理提升的双赢局面。某供应商承制的光学系统类组件任务,通过对各项目开展全面特性分析、建立生产基线,并严格控制产品出厂质量,实现了年产品交付及使用过程不合格品审理的"零发生"。通过与供应商开展联合技术攻关,在前沿技术领域进行深入研究与实践,屡获突破。贮供系统某核心单机比例电磁阀和流量控制器工程实现技术新、难度大,供应商紧密配合,完成产品关键工艺攻关,全面提升了供应商技术水平与研制能力。

6.1.2 战略采购的业务流程

战略采购的核心就是建立战略采购流程。战略采购由两个核心流程组成(图 6-7)。战略采购管理流程,包含了品类分析、供应市场分析、品类策略制订、供应商选择及商务谈判、战略采购实施,一般由品类管理人员负责。采购运营管理包含了需求整合、合同管理、业务分配规划、订单管理、交易管理、供应商绩效评估等,一般由执行采购负责,确保需求部门在规定的时间内、以合适的价格获得所需数量的正确产品或服务。左侧重规划,以组织目标为牵引,强化战略方向和宏观管控;右侧重执行,强化执行效率和精细化运营。战略采购与采购运营的相互作用清晰、明确,战略采购设定了方向和规则,采购运营遵循方向和规则。因此,在战略采购流程中,要能区别采购运营与战略采购并进行有效的管理。特别是在实际执行过程中,要平衡组织的整体目标和事业部/研究室需求。

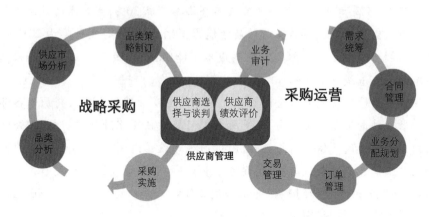

图6-7 战略采购核心业务流程

要推动传统采购到战略采购的转型,如何设置组织架构来保证战略采购实现战略采购与采购运营之间的平衡,是要考虑的一个重要问题。战略采购关注品类特性,要设置品类管理、供应商寻源、开发及绩效管理岗位;采购运营关注业务部门的具体需求,需要设置执行采购岗位。这就需要建立矩阵式架构来识别采购运营与战略采购的差异并进行有效管理。核心采购流程与岗位责任分配见表6-1。矩阵的纵向维度是采购活动,如物资采购中心、各事业部/研究室/工厂层面从事的具体采购活动;矩阵的横向是管理品类,包括品类的定义、规划、制订采购策略和寻源战略等活动。

表6-1 核心采购流程职责与岗位责任分配矩阵 RASCI *

	采购 RASCI	供应商管理委员会	业务分管副总	品类管理经理	寻源经理	执行采购负责人	执行采购
战略采购	品类分析		A	R		S	S
	供应市场		A	R		S	S
	采购策略制订		A	R		S	S
	供应商选择与谈判		A	S	R	S	S
	采购实施			A	S	S	S

续 表

采购 RASCI		供应商管理委员会	业务分管副总	品类管理经理	寻源经理	执行采购负责人	执行采购
采购运营	需求统筹			A	S	S	S
	合同管理	A	S	R	A	S	
	业务分配规划			S		R	A
	订单履行				S	R	A
	交易管理					R	A
	供应商绩效评价	A	R			S	S
	业务审计	A	S			S	S

*R：制订决策的责任人；A：决策者；S：制订决策当中的支持人员；C：制订决策过程中的咨询对象；I：决策确定后的通知对象

6.2 建立采购战略

"采购战略"的制订,首先需要从比较供需双方市场博弈力开始考虑,到底是买方市场还是卖方市场;基于双方博弈的考虑,对每一个品类,要制订不同的采购策略。按照战略采购核心业务流程,制订采购战略要基于品类分析、供应市场分析、制订品类策略、供应商选择与谈判及制订采购战略等5个方面逐步开展。

品类分析要考虑的因素:采购金额大小、采购量的大小、物料的采购特征(如价格、供货、技术特征、对于元器件要考虑质量等级及质保要求等)、标准件与非标件、服务类品类,要考虑高附加值技术类与低附加值加工类。

供应市场分析要考虑的因素:市场供不应求与供过于求、大市场容量与小市场容量、动态跟踪市场行情,及时刷新价格、垄断生产经营与非垄断生产经营。

制订品类策略:供应商绩效评价结果作为优选供应商和订单分配额度的主要依据;独家采购与多家采购、要考虑近期策略和中长期策略、从"供应商优先型(保证供货)"和"成本优先型(成本控制)"角度制订分类采购策略、新产品与老产品(生命周期是不是产品推出市场前的最后一次采购)、波动的价格与相对稳定价格、货期长与货期短。

供应商选择与谈判:避免单一货源,寻求多家供应;多家询价;供应商绩效评价;重点供应商与非重点供应商、重点客户与非重点客户、直接采购与代理采购。

制订采购战略,核心要点一是解决谁来实施采购,二是解决如何确定供应商和价格的问题。通常主要包括两种采购的组织形式(集中采购和框架协议采购)、六种采购方式(招标采购、竞争性谈判、询比采购等)。

6.2.1 集中采购

近年来,国务院国有资产监督管理委员会(简称国资委)持续推动中央企业采购管理提升,组织采购管理对标、开展专题培训指导,有力促进了企业降本增效、阳光运行、规范运作,实行集中采购是重点举措之一。2018年,中央企业采购总金额达12.1万亿元,约占中央企业年营业成本总额的50%。特别是2020年以来,相关部门实施的医疗用品、医药的集中采购,更是颠覆了大家对医药行业采购的认知,通过集中采购显著降低了采购成本,给广大消费者带来非常大的实惠。

集中采购是指同一企业内部或同一企业集团内部的采购管理过程的集中化,包括集中采购的方案规划、制度制订、具体实施(需求集中、集中谈价、集中签署采购合同等)。同一类品类进行集中化采购,可以利用杠杆作用,有效降低采购总成本。

集中采购具有责任大、决策层次高、集中度高、专业性强、过程长、手续多、支付条件宽松等业务特点。适用于一般型品类采购或者杠杆型采购,采购金额比重不高,多是标准件,替代性强,可选供应资源多,大多来源于社会化竞争。可以通过品类指出分析,根据年度采购额度、频次、供应风险等数据,建立品类采购金额分布模型,筛选出集中采购品类清单,实施集中采购。

6.2.2 框架协议采购

关于框架协议(framework agreement)采购的定义,《国有企业采购技术规范》中这样规定:针对重复性采购,采购人分阶段缔约和履约的采购组织管理形式。框架协议与采购合同一样具有法律效力,协议确定用户在固定期限内,由供应商不定期不定量地按协议规定的条件多次分散提供产品和服务。框架协议采购宜和不同的采购方式组合使用。框架协议合同形式包括供货安排、交付期不定或交付量不定的合同、任务订单、目录合同、总括合同、依程序签订定点服务和协议供货合同等。框架协议的一个例子是保养合同,在合同的有效期内单个工作和服务被"分批履行"。整个合约受到框架协议的控制,但是单个交易也有其特殊情况。框架协议采购注重与战略供应商、重要供应商建立长期稳定的合作关系。采购方通过提前明确采购需求和质量要求、供应商按照最优的组批数量、可控的生产节奏提前生产备货、定期补货,获得较为稳定的长期合同。采供双方建立起比较紧密的沟通、协调、合作和共享机制,形成战略关系和共赢优势,从而提升竞争力。在降低采购成本的同时,保证供应源的稳定,降低断货风险和最低库存。

框架协议采购既适用于采购金额大,市场供应少,交货周期长的品类,也适用于采购金额小、采购频次多的品类,具体的适用条件如下:

(1)对采购"标的"的需求预计将在某一特定时期内不定期出现或重复出现;不定期是指不清楚需要的程度、时间和数量,以及采购频次,如不定期出现如办公用品、房屋维修合同等;重复采购如能源供应等;

(2)市场竞争激烈的需要定期或重复采购但数量不定的商品类采购;

(3)不止一个供应来源"标的"的采购,也适合估计今后可能会紧急需要"标的"的采购。

实施框架协议采购时,应提前明确属于开口框架协议或要素框架协议。开口框架协议,规定了双方接口人、供应的品类、订单下达的方式、结算的方式等信息,明确合作框架,然后再通过竞争的方式确定价格;还有一种是有标的物单价类、无标的物总价类称为要素框架协议,包含了双方合作品类的价格、采购的数量信息等,这种情况下可以直接签署合同。宇航企业是典型的"多品种、小批量"的运营模式,采购额度相对较低、采购频次比较频繁。在这种模式下,框架协议能发挥其优势作用。采购"框架协议+结算合同"的方式去管理订单。框架协议是合同的一种,与供应商签订框架协议(图6-8),杜绝了先订单后合同的风险;对于框架协议允许的金额范围,取决于公司财务的抗风险能力。

图6-8 框架协议和结算合同模式

框架协议采购实施流程,包括制订目录、选择框架协议对象、制订规则、确定框架协议的形式、条款和条件等 8 个步骤。

(1)制订目录。结合生产经营情况,制订并发布纳入企业各级采购部门可采用框架协议采购的工程、货物和服务范围的目录清单。企业框架协议采购目录应随时依据企业生产经营需要和市场变化及时进行调整。目录期限宜以年度为限。

(2)选择框架协议对象。

(3)选择框架协议对象的方式。例如可以通过招标方式确定框架协议对象的方式,也可以通过询比、竞争性谈判等方式,确定最终要签署框架协议的对象。

(4)制订规则。邀请供应商参加框架协议采购之初,采购人应向其提供资格条件、评审办法等信息并告知:与一个还是多个供应商订立框架协议;与不止一个供应商订立框架协议时,应明确加入框架协议供应商的最低数目或最高数目。

(5)确定框架协议标的种类和类别:明确是开口框架协议还是要素框架协议。

(6)框架协议的形式、条款和条件。

(7)采购人组织采购活动。

(8)企业使用部门签订采购实施合同。在框架协议生效期间,企业使用部门需要供应商提供工程、货物和服务时,使用部门依据框架协议的规则签订并履行采购实施合同。

框架协议的内容、条款和条件,至少应包括如下内容。

框架协议应以书面形式订立并载明。

(1)框架协议期限,期限的确定既要满足重复采购的需要又要考虑合同风险的增加,宜以年度为限;

(2)采购标的说明及确立框架协议时已经确定的其他所有采购条款和条件;

(3)确立框架协议时无法充分准确确定采购条款和条件的,应告知在已经知道的范围内对此种条款和条件的估计;

(4)与不止一个供应商订立开口框架协议的,应确定第二阶段的采购方式;

(5)框架协议下的采购合同将授予价格最低的或者对采购最有利的;

（6）采购合同的授予方式。

与不止一个供应商订立框架协议,应当视为所有当事人之间订立了一项协议。采购人可在第二阶段签订的协议中针对特定情形分别有所调整,并同时相应记录和不同条款之间的差异。

框架协议还应当包含框架协议有效运作所必需的一切信息,如何查取该协议、该协议下即将授予采购合同的通知和联系方式等。

6.2.3　询比采购

询比采购就是一般向合格名录内的供应商就采购的产品或服务发出询价通知书让其报价,采购人按照价格基线或者成本目标,对供应商报价进行审核,选择符合采购需求,且全生命周期成本最低的供应商的采购方式。

询比采购方式程序简单、节约采购时间和费用,但竞争性、规范性弱,选择范围窄。有时候会因为沟通问题,存在一定比例的弃标。这个时候,买方和卖方的博弈往往对供应商有利。采用询比采购,尽量将价格压到最低,降低成本。

询比采购一般适用于技术标准规格统一、供货周期短、断货风险不大、市场相对成熟、社会化资源充足的品类。实践中,为减少断货风险,供应商的数量可以适当增多,最理想的是与 2~3 家有实力、态度积极的供应商合作。最多不要超过 6 家供应商,以保证各供应商份额从而提高供应商的积极性,减少商务成本和管理成本。

询比采购需要注意以下几个方面:

（1）结合企业采购工作实际,确定询价采购适用范围;

（2）未建立合格供应商名录的采购领域,原则上应面向不特定的所有潜在个供应商开展询价;已建立合格供应商名录的采购领域,原则上应向名录内相关专业的所有供应商发出询价;仅向特定定向询价的,应成立询价小组,研究确定被询价供应商名单;

（3）发布的询价信息,应明确需求时间、交付时间、履行地点、服务期、标的物数量及计量单位等关键信息;型号、规格、指标、关键工序或工艺、质量、生产、测试、危险品监管、环保处置、包装、运输等技术和服务要求等;

（4）不得设置排他性、指向性技术指标或不合理准入条件,排斥其他供

应商参与报价;对已发布信息不得随意撤销更改;

（5）各单位应坚持以全生命周期总成本最低为原则确定成交结果,采取最低价采购策略的,可根据询价结果直接确定成交供应商;采取非最低价采购策略的成立询价小组,严格按照采购策略确定成交供应商;

（6）对存在恶意报价、围标串标、严重履约失信等行为的供应商,应纳入本单位供应商黑名单。

6.2.4　单一来源采购

单一来源采购是采购人直接与只有唯一的供应商进行谈判采购,商定价格和合同条件的采购方式,也称直接采购。单一来源采购程序更加简单,没有竞争性。单一来源采购一般有以下几种情况。

（1）供应商唯一（单购）:造成唯一的情形有四个原因,一是由于各种原因供应商唯一;二是由于有技术专属权供应商唯一;三是没有替代物;四是其他采购办法不适用。

（2）紧急采购（急购）:生产经营发生了不可预见的紧急情况,不能采用其他方式且只能从某特定供应商采购。这类紧急情况比竞争谈判遇到的情况更紧急。框架协议组织形式也可以适用紧急采购,但该紧急采购一般是可以预见的,单源直接采购使用的紧急采购一般都是突发的、不可预见的;在宇航行业,比较常见的比如项目竞标中的紧急采购、质量问题归零带来的紧急采购等。

（3）配套采购（配购）:采购人原先向某供应商采购货物、设备、技术或服务的,需要与现有货物、设备、技术或服务配套。

（4）国家或企业利益和政策目标:向某供应商采购符合保护国家基本安全利益或企业核心利益;或者有利于实现国家社会经济政策的采购;涉及国家秘密或企业秘密不适宜进行竞争性采购的项目应向满足采购需求的供应商直接采购;供应商与采购人存在控股、管理关系有资格能力提供的采购项目;企业为振兴国内制造业或提高重大装备国产化水平等国家政策需要的采购项目,可以直接采购。

（5）可以直接比较和判断选择简单小额的采购项目:标的物为小额、简单的项目,为提高采购效率,降低管理成本企业可以建立直采目录。在目录内的商品直接采购。

在各宇航企业,由于各种原因,单一来源采购占据较大的比例。除了以

上单一来源采购的情况外,还存在由于以下原因导致的单一来源采购:

（1）为保证原有采购对象的一致性或者服务配套的要求而必须继续从原供应商采购,这在宇航行业比较普遍;

（2）整个宇航行业就是一个大的配套网络,上级机关文件或客户合同明确指定供应商,也是较为常见的一种单一来源采购。

目前各单位正在加强单一来源采购的管理。例如对单一来源采购,需履行审批程序;对上级机关文件或客户合同明确指定供应商的,需提供证明文件等。

6.2.5　VMI 采购

1. VMI 定义

供应商管理库存(vendor managed inventory, VMI)是一种以用户和供应商双方都获得最低成本为目的,在一个共同的协议下由供应商管理库存,并不断监督协议执行情况和修正协议内容,使库存管理得到持续改进的合作性策略。VMI 的主要思想是从"快速响应"和"有效客户响应"基础上发展而来,其核心思想是供应商通过共享用户的当前库存和实际耗用数据,按照实际的消耗模型、消耗趋势及补货策略进行有实际根据的补货。由此,双方都变革了传统的独立预测模式,尽最大可能减少由于独立预测的不确定性导致的商流、物流和信息流的浪费,降低了供应链的总成本。

VMI 的目标是供需双方都是以最低成本保证稳定供应。VMI 的原则是供需双方深度长期稳定的高层次合作伙伴关系,合作、互利、目标一致、持续改善。VMI 对供方的优点是:降低牛鞭效应带来的不良影响,合理预测市场需求,稳定生产,合理控制库存水平,降低库存成本,快速响应客户需求。VMI 对需方的优点:缩短订货周期,提升客户满意率。

VMI 的执行流程如图 6-9 所示,这是一个以共享库存为支撑的双循环管理机制。图 6-9 右侧是以供应商为核心的外循环流程。供应商根据企业提出年度需求预测,建立 VMI 库存;通过对库存水平持续监控,在 VMI 库存到达警戒线时,根据补货策略,定期实施补货。图 6-9 左侧是一种是以企业内部循环为主,包括了企业内部提出年度需求预测,根据需求生成订单,从 VMI 库存中出库、入库。左右循环互动,VMI 的高效运行,供需双方实现了库存共享、信息共享,供应商集中备货、分批供货、及时交付,供需双方定时结算,建立重复信任,实现双赢。

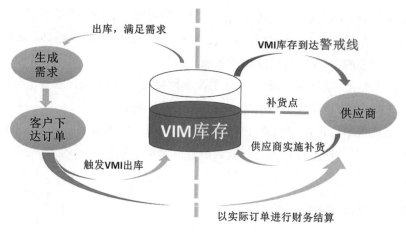

图 6-9　VMI 执行流程图

2. 关键控制点

关键控制点为 VMI 管理流程中的关键节点,关系到 VMI 实施效果。VMI 管理关键控制点如下:

(1)需求预测,用户企业根据产品生命周期统筹需求预测数量;

(2)计算 VMI 最低库存,用户企业建议 VMI 最低库存,根据物料属性,结合供应商实际生产条件,建议 VMI 最低库存数量;

(3)制订 VMI 策略,用户企业结合产品预算、成本节约目标,综合考虑需求、库存账龄控制等;

(4)签订框架协议,用户企业与供应商,根据供需双方在一定期限内(一般为 1~2 年)达成的合作意向订立框架协议;

(5)库存消耗与补货,供应商定期与用户企业共享 VMI 工作计划与生产进度、库存数量,持续完善补货策略并进行补货;

(6)定期结算,用户企业根据到货情况,定期与供应商签订结算合同,并报销付款;

(7)需求预测调整,为每个季度末用户企业统计并监督 VMI 实施具体进展,统筹考虑是否有必要调整框架协议数量,如遇重大需求预测调整,不必等到每个季度末,立即组织相关部门协商;

(8)定期总结合作情况及双方领导定期会晤,用户企业根据框架协议执行情况,定期总结 VMI 实施情况;供需双方高/中层领导定期会晤,回顾管理模式实施成果,达成持续改进共识。

3. VMI 补货策略

如图 6 - 10 所示,补货策略中各变量定义如下:

C 表示企业月均用量。可用 $C \times 24$ 来预测企业未来两年的需求量,提前备料;

T 表示补货周期,供应商承诺进行一次 VMI 补货所需时间(从触发补货至 VMI 入库);

t 表示交货周期,企业下 VMI 出库订单到物料入企业库所需时间;

MAX 和 MIN 分别表示 VMI 库存的最大和最小值。

注意:

(1) 对于已完成质量保证的物料(即检验合格物料),$t = 0$,企业可不设置安全库存;对于未完成质量保证的物料(即未检验合格物料),企业还需设置安全库存,确保物料不断供;

(2) 对不同供应商之间可替代规格应进行识别,合并 VMI 预测数量;

(3) 对不同供应商之间可替代规格应通过谈判决定 VMI 的配额。

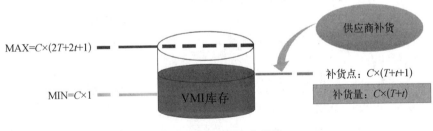

图 6 - 10　VMI 库存策略

【案件 10】 ·+·

宇航标准元器件 VMI 管理实施

某宇航企业实施元器件 VMI 管理模式,采购宇航级器件,即经合格供应商生产,并完成宇航等级质量保证(即有资质第三方机构开具宇航级合格证)的器件。

在实施普通采购管理模式时:$t = 0$;$T =$ 供应商收到合同及合同评审周期+生产物料采购(芯片、管壳等)周期+生产及生产中测试周期+宇航器件质量保证(质量一致性试验及补充筛选)周期。

物料供货时间平均在 9 个月以上,且备料过程中存在原料质量问题、供货周期延长等突发影响因素,随着近年科研型号任务数量增加和型号进度要求紧急,供应商无法准时准量供货成为产品准时交付的风险。

企业按照年度采购的规模、频次及额度,选择 6 家重要元器件供应商、173 个物料达成共识,实施 VMI 管理模式,具体实施流程如下:

(1)企业提出物料需求预测数量,供应商承诺生产及交付周期;

(2)签署 VMI 合作协议:供需双方首次签署 VMI 合作协议时,明确首次建立库存周期 T' 及补货周期 T;

(3)在首次建立 VMI 库存过程中,如果目标物料为现货,补货点 = $C\times(T+1)$;如果目标物料需重新投产,最低库存 MIN = $C\times(T'+T+1)$,最高库存 MAX = $C\times(T'+2T+1)$,(T' 期间仍需按原采购方式即实施 VMI 前采购方式订货);

(4)VMI 库存池建立后,企业物料计划员结合物料需求计划(MRP)运算结果,按照建议转采购申请(PR)时间创建 PR;采购员每月在固定日期识别 VMI 物料 PR 需求,下达采购订单(PO);VMI 库存管理员根据 PO 办理 VMI 出库,并对企业进行依据 PO 交付入库;

(5)供需双方定期沟通库存信息,并且供应商在 VMI 库存低于补货点时及时补货;采购员与供应商定期以实际 PO 签订结算合同,并进行结算;

(6)如遇到需求预测紧急/大量增加时,物料计划员识别到 VMI 库存风险,及时组织调整 VMI 库存方案,厂家紧急提高补货数量。

通过 VMI 管理模式的实施,从传统面向订单生产的模式转变到 VMI 模式中,根据企业预测需求,合理规划采购生产用原材料、仓储及包装材料,集中完成器件生产及测试,合理规划高效发货运输次数、收发货人工安排。

供应商根据企业需求预测,建立库存;充分利用产能,实现生产线作业均衡;在碳减排等资源消耗方面,可实现节约。同时降低总物流成本。

该企业通过 VMI 管理方式大幅度压缩了元器件供货周期,实现缓解/规避供应风险,同时降低流动资金压力。

供需双方实现了充分信任、信息共享、外协产品供应商集中备货、分批供货、及时交付,外协产品协出部门定时结算。供需双方的生产运营均得到精益化改进。

4. VMI 实施过程中要考虑的方面

1）需方

（1）库存设置地点,应保证存储环境满足物料存储要求,不影响二次销售。

（2）专人负责库房入库、出库管理、定期盘点并及时传递库存信息提醒补货。

（3）VMI 管理方式的实施难点是补货算法,补货算法直接关系到库存的保证数量及供货周期,即直接影响供应风险的规避。应结合每个供应商自身的备料、生产及测试周期等实际情况,给出算法,计算补货频率及补货数量。因此补货算法需供需双方确认才可实施。

（4）定期跟踪补货进展,确保 VMI 库存安全。

（5）VMI 管理方式的实施重点是,根据物料属性（是否设安全库存,是否是关键物料等）,结合往年消耗数量、产品生命周期等,预测需求,提出未来一年实施 VMI 的供应商、供货品种及最低库存数量的建议。

（6）每季度供需双方对接需求变化情况,及时调整 VMI 策略。

2）供应商

（1）承诺首次建立 VMI 库存的周期,建立 VMI 库存;

（2）承诺补货周期 T,确定 VMI 库存水位（上限、下限）;

（3）确保按首次建立周期和 T 进行补货。

6.3 采购运营管理

采购运营管理,从采购业务线上对采购需求进行整合和统筹、合同生命周期管理、采购业务规划和分配、订单履行、交易管理、供应商绩效评价及业务审计等全流程进行管控,建立并完善从采购需求到付款结算的闭环流程,确保全流程衔接有效、步调一致,提升各环节协作效率。

6.3.1 需求统筹

首先要识别并管理需求,整合需求资源。一类是物料号层面的整合,如零部件资源整合,元器件/原材料规格的整合、标准零件的整合。以某航天器为例,其所使用的元器件高达 4 万多种,仅接插件多达 6 000

种。某生产连接器的供应商,是国内重要的连接器生产商,每年需要排产的物料号达 10 万种。于是,该供应商处每天都有大量客户催货。客户的需求太分散,没有有效整合,这么多物料要生产排程,几乎解决不了缺料的问题。例如,雷诺公司和日产公司通过实施平台战略,扩大总成和零部件的通用化程度,2000~2002 年三年时间降低采购成本 33 亿美元。某企业通过实施产品化战略,压缩成品种类达 40%。二类是品类维度的整合,运用 ECRS 四原则,即取消(eliminate)、合并(combine)、重组(rearrange)和简化(simplify)的原则,可以帮助找到更好的效能和更佳的工序方法来对品类进行整合。例如,某企业对品类进行整合,首先制订以下三个原则:

(1)品类分类由大品类+小品类组成,大品类体现集中效应,采购项目之间的协同增效作用,引导采购向头部供应商集中,小品类(细分品类)主要体现特殊需求;

(2)便于使用,便于统计;

(3)兼顾各品类未来的定位、采购特点。

其次,按照根据最近两年的实际使用情况对现有品类按照 ECRS 原则对品类进行优化整合,消呆滞、促进结构调整,提能力降成本。

【案例 11】·-·+·-·+·-·+·-·+·-·+·-·+·-·+·-·+·-·+·-·+·-·+·-·+·-·+·-·+·-·+·-·+·-·

精益化管理推动组态采购

原来的机械零件投产,一般按照整套图纸投产,对于普通零件加工不需要特殊关注。对于机电类产品,由复杂精密结构、标准件、普通零件、非金属零件等组成。原来投产时按照整套投产,其益处是好管理,所有零件出自同一个供应商,降低管理成本。存在的问题是,供应商本身的能力受限于工艺积累、专有设备、专业技能人员等,往往专长的零件能及时甚至提前交付,供应商不擅长的零件加工基本靠二次外协解决,如果其外协管控能力较弱或者计划管理松懈,会导致二次供应商交付推迟,整体交付很难齐套,供应商绩效较差;其次,所有零件投产到一个供应商,易导致知识产权泄露,新的产品还未上市,已被竞争对手模仿。最后,由于供应商大量二次外协,整体采购成本会较高。

随着数字供应链建设、电子采购的广泛应用,按照集成供应链管理思想,实现对采购计划和采购业务的精细化管理。按照销售订单,每个产品都要搭建物料清单,然后对物料按照加工方式进行分类,按照供应商承担的具体类别实现组态投产,严格避免同一套零件投产到一个供应商。具体做法如下。

(1) 分类:整合现有机械加工零件的分类(图6-11)和供应商资源能力分类,按照不同材料性质、加工类型等对机械加工零件规划,归成一类,按照类别管理,将有明显特点且有加工难度的零件根据供应商能力进行组态投产,防止单家供应商完成所有组织内产品,保护所内知识产权;同时形成批量采购,降低采购成本。

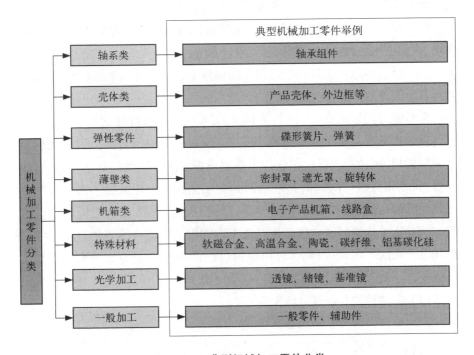

图6-11 典型机械加工零件分类

(2) 投产策略:组态投产的单一品类集中投产2~3家绩效好的优选供应商。加工无难度的一般零件及辅助件可多家供应商投产;多个品类要分散供应商投产,避免一个产品所有零件投产一个供应商。

例如,某企业将一些核心机电类产品,按照产品结构进行分解,然后将机械零件进行分类形成轴系类、壳体类、弹性零件类等9种类型。

6.3.2 合同生命周期管理

从流程合规性考虑合同管理，从合同起草、制作、流程与工作流、谈判与审批、签署、持续管理与合规、续约等合同的全生命周期管理。通过创建通用语言、标准合同模板、统一术语及可重复且一致的条件，供需双方可以节省时间并减少错误，以提高企业支出的可视性和合同流程效率，并降低管理成本。这些主要通过以下途径实现：

（1）使用预先批准的模板和法规条款，快速、轻松地创建合同：按照不同业务分类区分采用何种合同类型，制订不同的合同模板；

（2）规范和控制合同制订流程，强化合同过程管理：合同审批、合同的文本、合同变更、合同执行情况、合同收付款等；

（3）通过信息化工具自动运行并加快整个合同生命周期管理流程，以提高运营合规性、合同合规性和法律合规性。

采购业务规划和分配：从订单到付款，包括订单履行及交易管理。订单到付款流程整合了采购和应付账款系统，旨在提高流程效率。订单到付款是采购管理流程的一部分，包含四个重要阶段：商务谈判和订单下达、订单履行、收货和对账、开票和付款。通过利用信息化工具实现采购流程数字化，能够提高合规性并加强对供应商、合同、法规、采购商和应付账款的控制。信息化工具是提高合规性和加强支出管控的关键。通过建立供应商门户和电子采购平台，可以确保以协定的价格从合格供应商处采购所需商品和服务，进而：

（1）主动控制和改善总体支出；

（2）整合大部分手动商务流程，减少错误；

（3）简化供应商名录维护，节省时间并释放资源；

（4）快速完成新供应商准入和审批；

（5）节约更多成本，增加利润，实现寻源谈判价值的最大化。

6.3.3 绩效评价

绩效评价包括内部对采购组织的绩效评价、外部对供应商的绩效评价。采购组织的绩效评价目前有很多 KPI 指标，包括采购订单的达成率、降本指标等多个维度来评价采购组织对组织战略目标的符合性。供应商绩效根据供应商绩效模型开展供应商绩效评价，如何根据结果实施供应商改进，是目前各位供应商需要面临的重要课题。

6.3.4　业务审计

定期开展采购和供应商管理业务审计,是提升采购运营效率的有效手段,也是业内最佳实践的成熟做法。业务审计要按照项目管理的方式进行,设立审核组、迎审组等,对采购组织的采购运营是否符合流程和制度,与采购组织确认后形成问题清单,并进行问题的闭环管理。

6.4　战略成本优化

从战略角度来研究成本形成与控制的战略成本管理思想,是 20 世纪 80 年代在英美等国管理会计学者的倡导下逐步形成的。20 世纪 90 年代以来,对这一思想与相关方法的讨论日趋深入,日本和欧美企业管理实践也证明了这是获取长期竞争优势的有效方法。战略成本管理的定义就是应用成本管理技术,使人们能在提高公司战略地位的同时降低成本。航空航天等国防企业采购部门的支出远远大于其他部门的支出,采购支出占单位产值的48%。随着国资委对各中央企业持续推进采购管理能力提升、提出精益管理提升企业治理能力,促进企业降本增效实现高质量发展,采购部门在降低采购成本方面面临着持续的压力。

对于战略成本优化,无论是高校、管理咨询研究机构或是企业界,都在不断探索战略成本优化的法,提出新的战略成本优化的管理思想。

美国密歇根大学的一项研究结果表明,强化供应商开发,可以显著降低采购成本:

(1)在降低采购成本的方式中,供应商参与产品开发最具潜力,成本降低可达 42%;

(2)利用供应商的技术与工艺可降低成本 40%;

(3)利用供应商改进质量可降低成本 14%;

(4)通过改进采购过程以及价格谈判可以降低 11%。

刘宝红提出了降本三台阶。第一个台阶是通过谈判来降低价格。对于市场充分竞争的采购品类,价格谈判能影响产品成本大概是 10%,并且通过价格谈判,与供应商的合作没法持久,所以,价格谈判真正能影响的产品成本有限。降本的第二个台阶,即通过精益生产来降低生产成本、通过电子商务来降低交易成本。生产流程只占整个交货周期的10%左右,而90%的时间是花在走流程、做审批、准备文件等不增加价值的事情上,即交易流程上。与生产流程相比,交易流程涉及范围更广,要从根本上改进更加困难,不过可以借助电子商务来提高效率。价值工程/价值分析(VA/VE)是供应链降本的第三个台阶,也是降本的最大潜力所在,因为产品成本的百分之七八十取决于设计,如材料选型、技术规范、公差精度等决定了产品的成本。通过优化设计来降本,对于强势供应商的降本尤其重要。因为此类供应商出于技术或规模优势,谈判降价难度很高,只能更多地从优化设计来降本。周云提出"商务降成本、技术降成本、结构降成本"的三位一体的降本策略(图6-12)。

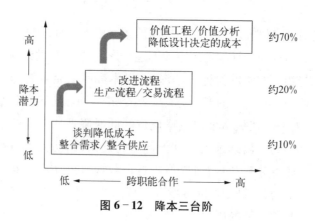

图 6-12　降本三台阶

6.4.1　"八步降本法"

针对宇航企业"多品种、小批量"采购模式,提出了"八步降本法",从顶层制订战略成本优化路径,实现对企业采购业务战略成本优化。第二章提到,品类是采购业务精细化管控的基础,同样,进行战略成本优化,也要基于品类开展。这种以业务为导向的连续方法可在降低成本的同时实现业务价值的最大化。其典型路线图为:采购团队制订降本策略及具体举措,共分为8步(图6-13),称为"八步降本法":开展支出分析—明确成本目标—开展品类分析—供应市场分析—制订采购策略—推动执行落地—开展协议谈判—进行实施总结。

(1) 开展支出分析,识别支出最高的品类:对上一年度的支出,按照两个维度去分析,横向按照品类进行归集和分析,按照80/20原则,找出支出占

图 6-13 战略成本优化路线图

比较高的品类;纵向按照产品的 BOM 结构,逐级分级成本构成,寻找成本占比较高的物料;两个维度分析完成之后,以确定在组织内采购什么、采购数量、采购价格、从哪个供应商采购以及由谁采购、什么时候采购等,确定成本优化的范围;可以从企业信息系统,比如企业资源计划管理系统(ERP)、供应商关系管理系统(SRM)获取数据,并借助帕累托分析工具可以识别支出最高的品类,可用于确定哪些供应商在一个品类中占最高支出水平,哪些部门在采购组织中占最高支出水平。

(2)明确成本目标,筛选拟降本的品类清单:根据品类支出的帕累托分析,了解采购总成本和占比前 80% 采购额的关键品类价格,梳理出拟降本的品类清单,并从供应商关系管理系统(SRM)中提取历史成交价格,分析成本价格基线,制订降本的目标,并定期对完成情况进行监控。

(3)开展品类分析,确定品类管理优先级:通过分析品类的采购特征(如价格、供货、技术特征、对于元器件要考虑质量等级及质保要求等)、采购金额和采购频次,是否为关键品类等,根据支出分析、对未来需求的评估、供应市场分析和拟降本的品类清单,建立管理的品类并确定优先级。

(4)供应市场分析,识别供需双方博弈力:主要是分析该品类通过市场满足需求的程度,分析供需双方面临的市场环境、供需环境和双方博弈的优势和劣势。供应市场分析要考虑的因素:市场供不应求与供过于求、大市场容量与小市场容量、动态跟踪市场行情,及时刷新价格、垄断生产经营与非垄断生产经营。通过对市场环境调查分析,能够了解当前采购品类的特性,能够随着市场的变化做出相应的采购策略,以及对采购策略进行动态的调整。

(5)制订采购策略,识别成本优化机会:确定成本优化范围、制订相关策略以捕捉优化机会。例如,可以对现有的供应商进行重新谈判和整合,立竿见影地实现降本;考虑独家采购与多家采购、近期策略和中长期策略、制订分类采购策略。按照卡拉杰克矩阵法,将品类清单中的每一个品类,放到四象限的某一个象限,以制订不同的采购策略;科尔尼公司发明提出了"采购棋盘",其包含了4种采购策略对应16个采购方案,继而又衍生出64种采购方法,形成实际的棋盘。如果工作再细化一下,将品类清单中的每一个品类,放在这64个格子里面,利用棋盘工具确定采购策略。

(6)制订里程碑计划,推动执行落地:按照品类清单的优先级及相应的采购策略制订执行计划,促进跨部门协作,以提高生产力、推动优化成功。

(7)确定目标供应商,开展协议谈判:与目标供应商进行谈判,完成成本目标;需要注意的是,要根据降本目标和采购策略,制订相应的谈判策略,甚至提前要进行谈判策略模拟,以提高谈判成功的胜算。

(8)完成实施,定期复盘持续改进:通过以上动作,实现效益,审查指标,回顾战略成本优化路线图和时间表,监控计划完成情况,推广和完善相关方法,以实施流程改进,以发现更多成本优化机会。

【案例12】

工装采购战略成本优化案例

某企业通过采购运营报表发现,工装年平均采购金额达3 000万,工装品类支出逐年上升,并且在采购支出中占比高达5%。供应商管理部门组织成立精益改进项目对工装采购进行专项降本,强化工装的使用管理,减少工装采购,降低工装采购成本,并下达了工装采购下降50%的降本目标。

按照"八步降本法",开展系统分析,识别问题并制订降本方案,如图6-14所示。

图6-14 工装采购战略成本优化路线图

供应商管理部门对工装近三年的支出清单进行分析,发现以下几个需要改进的方向:

(1)开展品类分析时,发现品类繁杂,工装品类里面包含多种物料,工装、普通地面机械零件加工、各个事业部以工装名义采购的其他内容等;

(2)开展协议谈判时,发现一直是4家固定供应商参与询比,采购渠道固定,未能实现有效竞争;部分物料采购价格高于市场价格。

针对以上问题,品类经理与需求部门、执行采购等利益相关方进行沟通,制订如下措施:

(1) 对工装品类清晰定义,将原来工装品类里面包含的普通地面机械零件加工、各个事业部以工装名义采购的其他内容等剔除,重新定义工装业务范围;

(2) 调整供应库,引入新的供应商参与竞争,工装采购的供应商数量由4家增加到6家,实现工装采购充分竞争;

(3) 根据工装采购支出数据,制订工装采购的拦标价,控制工装采购价格。

经过改进,工装采购的数额及变化趋势如图6-15所示,工装采购数据如下图所示,采购金额下降了80%。

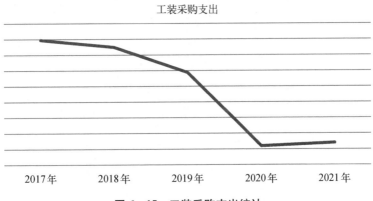

工装采购支出

2017年　　2018年　　2019年　　2020年　　2021年

图6-15　工装采购支出统计

6.4.2　电子采购降本

电子采购可以大大降低采购交易成本,促进公司提质增效,实现战略降本,主要表现在以下方面。

(1) 技术赋能,业务提档升级:所有采购及供应商管理业务在线办理,提升内部各部门直接协同效率、提升与外部客户和供应商的协同效率,整体供应链整体运营效率提高明显,如某企业通过流程再造,采购订单的商务周期节省90%,供应商运营效率提高了5倍。

（2）节约管理成本、交易成本。以某单位为例,采用数字采购以来,重复物料的采购,其40%实现了价格下降,下降幅度平均高达27%。

（3）以数据应用提质,以盘活资源增效。电子采购业务的持续开展逐渐形成"数字资源池",促进基于数据从科学决策,减少错误决策。

参考文献

卡洛斯·梅纳,罗姆科·范·霍克,马丁·克里斯托弗,2016.战略采购与供应链管理[M].张凤,樊丽娟,译.北京:人民邮电出版社.

刘宝红,2019.采购与供应链管理:一个实践者的角度[M].第3版.北京:机械工业出版社.

辛童,2018.采购与供应链管理:苹果、华为等供应链实践者[M].北京:化学工业出版社.

中国物流与采购联合会,2019.国有企业采购操作规范[R].T/CFLP 0016–2019.3.

周云,2014.采购成本控制与供应商管理[M].北京:机械工业出版社.

P.弗雷泽·约翰逊,安娜·E.弗林,2020.采购与供应管理[M].原书第15版.杜丽敬,译.北京:机械工业出版社.

第七章　供应商关系管理

　　一提到供应商关系管理,很多人第一印象就是维护与供应商的关系,更深入一步理解,可能会关注到流程设计、工具开发以及与供应商的全面协作。近年来,供应商关系管理作为供应商管理重点内容之一,它是一种致力于实现与供应商建立和维持长久、紧密伙伴关系的管理思想,旨在改造企业与供应商之间关系的新型管理机制,实施于围绕企业采购业务相关领域,目标是通过对双方资源和竞争优势的整合来共同开拓市场,扩大市场需求和份额,降低产品前期的高额成本,实现双赢的企业管理模式。

7.1　供应商关系管理定义

　　美国供应商管理协会将供应商关系管理(SRM)定义为与内部利益相关者协作过程,以便进行供应商细分,并适当地管理供应商关系。有效管理供应商关系将为企业创造价值,组织从不同类型的供应商处购买许多商品和服务,而这些供应商在战略重要性、增值能力和供应链风险方面各不相同。因此,在管理供应商关系时,对不同的供应商使用不同的方法是很重要。科尔尼公司提出了 TureSRM 概念,建立了 TureSRM 模型。TureSRM 涉及范围极广,它关乎企业收入和利润增长目标,其中包括创新、风险管理、成本、质量及响应程度等因素。它将客户与供应商之间的互动都包括进来,围绕着两个企业之间的关系,客户要引导供应商行为,并且允许一家公司通过不同部门、职能和层级间的协调,充分利用其规模优势。企业如果能采用这种非常全面的方式应用供应商关系管理,便称之为 TrueSRM。

　　宇航企业与供应商的关系,逐渐由原来的定点配套到长期合作;从不重视供应商关系到与供应商建立合作伙伴关系;从传统的甲方乙方,到目前的竞争与合作关系。结合宇航产品"多品种、小批量、高可靠",供应商数量多、布局分散、管理能力普遍不高的特点,企业应与供应商合作,为供应商提供实质性、现场性、经常性的帮助。供应商也努力为企业提供优质的服务,服务企业竞争优势的创造。通过双方建立长期合作关系,使宇航企业与供应商逐步形成动态进退的良性循环机制,进一步将企业愿景与供应商发展紧密结合,提高合作质量,实现共赢。例如,中国航天科技集团有限公司在2017年提出了全级次供应商管理理念,供应商管理纳入集团公司战略管控方向,成为提升宇航企业核心竞争力的关键举措。因此,宇航企业供应商关系管理的内涵是:

(1)供应商分类及组合管理;

(2)建立良好的供应商关系;

(3)风险与合规管理;

(4)供应商持续改进。

7.2 供应商分类及组合管理

7.2.1 供应商细分

要做好供应商关系管理,需要有针对性的供应商关系策略,采取相应的措施对供应商进行有效的关系管理。最有效的办法就是对供应商进行分析、归类,对供应商"分而治之"。按照不同的分类标准,有多种分类方法。一种是由科尔尼公司提出的,根据供应商绩效和供应商战略潜力,建立了九宫格模型,将供应商分为九种类型,并且又根据九种类型总结为三大类供应商集群:普通型供应商集群、问题供应商集群、关键供应商集群。另外一种是根据采购金额与供应风险的大小形成四矩阵,将供应商分为四类:战略供应商、重要供应商、一般供应商、瓶颈供应商,也是业内最经典的卡拉杰克矩阵。采购金额指每个品类的支出情况,供应风险主要是指:质量风险、产能风险、技术风险、资金风险、理念风险。

质量表现:主要指质量的可靠性与稳定性,可靠性是指供应商提供的产品或服务质量是否符合采购方的质量标准,稳定性是指产品或服务的质量是否持续符合该标准。质量表现还应包括出现质量问题时供应商在质量改善方面努力的意愿与效果。

产能保障：包含绝对产能和优先保障。供应商的绝对产能是否能满足采购方的需求，或者当采购方的需求增加时，供应商能否同步提升产能；绝对产能如果不匹配，在供需出现供应缺口时，供应商能否优先保障对采购方的供应产能。优先保障供应产能，反映了采购方在供应商心目中的地位。

技术配套的能力通常从技术储备、技术平台、技术人才及技术支持与服务四个维度进行评估。技术储备反映了供应商持续、稳定配套的实力与能力；技术平台是指供应商是否完全自主研发，还是能够整合社会资源，建立相应的研发平台；技术人才包括技术研发人员的数量是否足够，各级研发人员的比例是否合适，结构是否合理，技术传承的机制是否健全等，技术支持与服务则包括在研发阶段能否早期参与采购方的产品开发与设计，生产制造阶段能否支持解决相应的技术问题，产品应用或者客户投诉时，能否及时提供相应的解决方案。与采购方一起致力于提高客户的满意度而努力。

资金实力：主要指供应商的绝对资金实力和现金流的管理能力，这将直接影响付款方式与付款周期，最终影响采购的总成本。同时，供应商的资金实力还影响当需要扩充产能时能否及时投入，以保障与采购方需求的同步增长。

管理理念：包括对所经营行业与产业的专注度及持续追求，对管理系统提升的热情与投入两个主要层面。如果供应商的产品线经常大幅度调整，这将直接影响到对企业的供应保障；而对管理系统提升的重视将最终影响到与采购方是否能够"讲同一种语言"。管理理念的趋同需要供需双方高层的对话，通常举办与供应商高层的年度研讨会来传递企业未来的发展方向与目标，寻求供应商的持续合作与管理理念的认同。当企业业务发展到一定阶段，就必须不断提升自身的管理水平，但供应商的管理水平将成为企业业务增长的限制因素，建设有竞争力的供应链取决于供应商管理系统的持续提高。

图7-1所示为"四分法"供应商分类。

战略供应商：指采购金额很大，供应风险也很高的供应商。它们通常提供对产品的质量、成本及交货保障至关重要的战略型的物资。战略供应商通常不以短期利益为目标，它可能会牺牲短期利益，少赚钱或不赚钱，以此来获得与采购方长期的共赢。

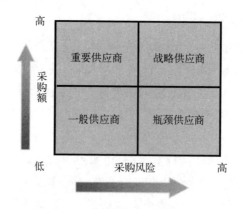

图 7-1 "四分法"供应商分类

重要供应商：指采购金额很大，但供应风险很小的供应商，重要供应商提供的产品或服务有三个显著特征，即标准件、同质化与竞争性。即通常提供标准件、产品或服务的同质化程度很高，同时所处的供应市场形态属于竞争性的。有多个供货源由采购方选择，此时重点关注的应该是采购价格。

一般供应商：指采购金额不大，供应风险也很低的供应商，是属于社会充分竞争的品类：机械零件的加工、PCB 的采购、备品备件、低值易耗品等。

瓶颈供应商：指采购金额很小，但供应风险很大的供应商。瓶颈供应商提供的产品或服务也有三个显著特征：非标准件、定制的与垄断性。它们通常提供非标准件，产品或服务的同质化程度很低，常常是客户定制的，同时处于供应市场的垄断性地位，不管这种垄断是行业性的、技术性的、政策性的、还是资金方面的原因所造成。换而言之，采购方能够选择的货源不多，而产品的差异性较大，这种情况应该重点关注降低风险，保障供应。

7.2.2 不同类型供应商沟通模型

不同类型供应商，应建立有针对性的沟通模型，以实现对供应商的有效管理。对于战略型供应商和一般类型供应商，对组织的支撑作用不一样，当然，需要投入的管理资源也不一样。按照供应商类型，制订不同的供应商沟通模型是十分必要的。

对于战略供应商：

（1）推动供应商参与新产品开发，扶持同类型产品全系开发；

（2）增加采购份额，推进实现产品免检和集成采购；

（3）加强技术、管理和信息等方面的交流与合作；

（4）年度供应商会议上进行表彰和奖励；

（5）成立联合团队共同致力于质量持续改善和成本降低。

对于重要供应商：

（1）整合供应商，提高采购集中度，发挥规模效应；

（2）通过招标、价格谈判和返利等方式，发挥价格杠杆作用；

（3）简化产品验证、价格和配额调整等杠杆流程，提高工作效率。

对于一般供应商：

（1）精简供应商数量，从准入源头控制，对供应资质、供货能力进行严格审查；

（2）取消代理，减少中间环节，降低成本；

（3）通过招标、变更付款方式和降点付款等手段降低成本；

（4）降低零库存管理，简化采购流程，缩小采购半径。

对于瓶颈供应商：

（1）质量瓶颈：对供应商进行辅导、整改；开发新供应商备份、替代；

（2）产能瓶颈型：加强沟通，增进理解和信任，推动供应商增加产能，向一般供应商、重要供应商和战略供应商转变；储备适量库存，实施批量采购；绝对产能不足则开发新供方补充或替代；

（3）技术瓶颈型：优化设计，通过技术交流从设计上降低技术难度，消除壁垒；

（4）资金瓶颈型：确保账期，保正常交付；开发新供方替代；

（5）理念瓶颈型：缺少持续合作的动力、开发新供方替代。

7.2.3 供应商动态管理和组合管理

企业对供应商分类不是一成不变的，需要根据采购品类需求和供应商表现，对供应商分类进行动态管理和组合管理，实现供应商动态进退的良性循环。供应商分类动态管理模型见图7-2。主要工作包括以下几方面：

（1）优化供应商资源池和供应商组合，提升采购相对竞争优势，构建健康、可持续的供应链网络和供应商格局；

（2）以品类维度对供应商进行评估、分析，分类制订改进计划和执行改进的一系列业务活动，保障输出客观合理的组合管理；

（3）基于品类全面分析供应商表现及行业状况共用时系统性的分层分级，建立相应的管理方法和规则；

（4）制订和执行供应商退出策略，无论供应商是主动退出还是被动退出，确保采购业务的连续性是首要的。

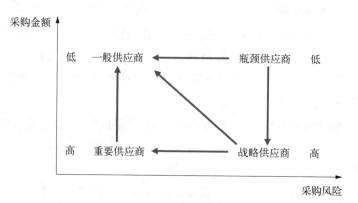

图7-2　供应商分类动态管理模型

如何制订和执行供应商退出策略，是供应商动态管控里面的一个重要内容，特别是供应商被动推出时，可能面临法律和财务风险。无论是买方组织还是供应商都可以决定建立或结束伙伴关系。在供应商寻源阶段，对于未来要建立伙伴关系的供应商，在商务谈判签署框架合作协议时，就伙伴关系协商好条款，并明确角色、清楚地定义需求和责任，特别是双方都在"各怀鬼胎"的情况下签署的伙伴关系。退出供应商关系时，首先要制订退出计划，确保从一个供应商有序过渡到另一个供应商，制订退出计划时要考虑全面，关注以下几个方面：

（1）退出供应商关系的决定和计划必须传达给所有内部利益相关者，评估和解决对内部利益相关者的潜在负面影响，例如采购组织的法律部门应仔细审查合同，以确定潜在的义务和责任；

（2）评估对内部利益相关者的影响、对外部利益相关者特别是对客户的影响；

（3）双方资产、库存、图纸文档以及知识产权的切换和交接：供应商退出的时机、涉及的存货、工装及设备等；是否备有足够的库存、需要退还的图纸文档等；

（4）退出供应商关系的决策确定之后，必须立即确定如何确保供应连续性，新供应商的寻源和准入需要时间，为了将影响降到最低，应提前计划供应商过渡时间，以便对采购组织的负面影响最小；

（5）做事有依据、做事按依据、做事留记录。要清楚地记录所有的过渡会议及与供应商沟通的内容，并当面签署以防争议。

7.3 建立良好的供应商关系

建立良好的供应商关系，对组织带来的收益虽然难以显性、量化评估，但对采购组织带来的收益是显著并且有效的，采购组织可以创新供应商关系管理方法来促进与供应商建立积极的关系，以促进供应商改善绩效，达到双赢的目的。

7.3.1 建立信任

信任是建立和维护与供应商的良好关系的基础。采购或者供应商管理人员是联系组织与供应商的纽带，是架起双方沟通的桥梁，因此与供应商建立信任关系至关重要。首先在于实事求是地沟通，特别是与供应商沟通产能、额外的资源投入、建立缓冲库存等要求时，不要夸大需求让供应商承担全部的风险。如果采购方经常变化或提出不合理的要求，就会导致供应商不信任和缺乏信心，进而带来更高的不确定性。这种情况会使供应商在其工作中增加了额外内容。如果你是供应商的大客户，供应商可能会容忍，如果不是重要客户，供应商可能会逐渐退出，寻找不同的买家打交道，以最小化其业务成本。其次，采购方必须信守承诺，为双方建立互信而努力。例如付款，应当按照合同要求付款，不拖延不拖欠。还需要双方相互理解，不提不合理的要求，尽早、尽可能详细地通知需求的变化。参与配套的供应商，对荣誉感的诉求往往较大，可以根据供应商绩效情况，在精神力量层面给予鼓励和支持。最后，信任的另一个方面是组织间共享信息的保密，包括供应商建议书、投标文件、报价、图纸和规格、产品设计、样品、策略、软件及成本数据等，与供应商有关的所有成本、技术和性能信息应严格保密，不得与其他供应商共享。与某个供应商共享另一个供应商的信息是不道德的，可能危及长期关系。

7.3.2 高层定期互访

对重要供应商/战略供应商，年初要制订供应商年度拜访计划，定期与供应商高层领导会晤，沟通长期战略和目标。在双方沟通前，采购与供应商管理人员制订好沟通内容、要达成的目标。一方面要回顾过去一年双方的合作情况、是否达成既定目标、合作亟需改进的内容;另一方面,向供应商分享组织未来一年的业务情况,包括业务扩展计划、如何满足客户的需求、需要供应商支持和支撑项目计划等。通过高层的定期会晤,为双方执行层面的人员清晰合作目标和发展计划。在与供应商会晤过程中,切忌空谈,你好我好大家好,最后什么目标也没有达到。同时,双方高层领导一定要注重建立私人友谊。未来合作中出现的任何问题,这种高层的私人友谊都会对消除隔阂、发展关系带来不可比拟的优势。

7.3.3　供应商研讨会与定期沟通

定期举办供应商研讨会,是加深双方合作的重要平台,也是促进流程改进的一种手段。开展供应商研讨会或供应商培训,采购组织及其供应商将在流程改进或质量改进会上进行协调,合作更加顺畅,从而使所有供应链合作伙伴受益。另外,通过供应商研讨会,还可以在面向未来合作方面提供更有益处的合作机会。定期向绩效表现较好的供应商,致感谢信和颁发牌匾,更能从精神上鼓励供应商,请供应商感受航天文化,促进合作共赢。

7.3.4　长期合作协议

签订长期合作协议可加强供应商关系,促进双方长期合作。供应商更愿意为合作和改进投入资源。对于长期的合作,供应商不用担心未来业务这个客户,同时供应商可以针对合作内容做长期的打算,包括投入资源改进质量和流程、扩大产能在满足客户扩张的需求同时降低营销成本,获得更多的利润。采购组织亦能获得稳定的供应。

7.3.5　按时支付

延迟付款对双方合作带来双输的局面。供应商因为压款,造成实际成本增长,往往会在交付、价格等方面找补,形成恶性循环;采购方看似占了便宜,实际上采购总成本在增加,并且供应商的绩效在恶化。极端情况,当供应出现短期,比如现在的疫情导致供应商面临封控的情况下,供应商可能不会想办法替你留产能。延迟支付可能不会导致合同履行方面的问题,但影响供应商关系,最终会影响对采购方的客户的服务。如某企业集团面向7 000家供应商做供应商调查时,供应商反应最多的是付款不及时的问题。

7.3.6 营造合作共赢的生态圈

为各类供应商提供公平竞争的平台,创造合作共赢的生态圈,是提高采购组织核心竞争力的实现途径之一,也是履行社会责任、积极服务社会的关键举措。对于战略供应商,要充分利用供应商创新能力优势,提升组织产业链核心竞争力;对于重要供应商,通过签署框架合作协议强化长期合作;对于一般供应商,创造公平竞争的生态环境,使得国企民企在同一平台公平竞争。同时,组织要通过精简业务流程、推广电子采购等进行持续改进,多措并举积极服务社会。

7.3.7 供应商计分卡

对于重要供应商,建立供应商计分卡,对供应商合同履约能力和绩效情况进行全方位的汇总和跟踪。从供应商的整体情况对供应商进行展示,有利于识别供应商风险并进行重点监控。特别是高层互访或者与供应商定期沟通时,供应商积分卡能提供完整的供应商履历。

计分卡主要内容包括:供应商基本信息、供应能力信息、历史绩效信息、订单承接及付款情况、高层互访记录等。这些信息不仅记录了供应商的绩效,也记录双方合作的履历及采购方履约情况,这对供应商关系评估提供量化支撑。

表7-1是国内某企业制订的供应商积分卡模板。

表7-1 供应商积分卡模板

供应商记分卡							
一、基本信息							
注册名称、统一社会信誉代码、注册地址、注册资金、法人代表、联系电话、营业期限、行业类型、经营范围、主营产品等							
企业性质		企业分类		是否集团内单位		是否微小企业	
二、主要联系人及联系方式							
姓名	职务	电话	负责业务类型说明			备注	

三、供货品类						
任务类型	供货品类代码	供货品类名称	品类附加说明	所属一级品类代码	一级品类名称	准入时间

四、订单承接及付款情况				
承接情况	2018 年承接订单金额	2019 年承接订单金额	2020 年承接订单金额	本年度承接订单金额
年度付款金额				本年度已付款金额

五、供应商绩效情况						
绩效区间	品类	绩效得分	绩效分级	及时交付率	一次交检合格率	服务水平

六、质量运行情况			
归零情况	归零时间	归零问题描述	闭环情况

七、现场检查情况			
现场检查时间	现场检查事项描述	待办完成时间	备　注

八、重要合作交流情况	
时间	交流情况及达成共识事项记录

7.4　风险与合规管理

合规遵循及审计受到供应管理部门越来越多的重视。把风险与合规管理放到供应商关系管理这个章节,也是想表达一种观点,即合规问题应该是双方共同面临的问题,需要双方共同建立合规的文化、遵守采购规范和商业道德。提高合规性也是供应商关系管理的重要目标之一,很多组织制订道德采购规范以约束双方行为。合规的问题一旦上升到法律层面,无论是战略供应商/重要供应商还是一般供应商,供应商关系也会随之调整甚至退出供应商关系。遵循合规已经成为客户和供应商不能超越的红线、底线。因此,在设计采购和供应商管理的业务流程、制度规章时,要考虑确保业务合规的顶层设计、建立审计机制以及风险与合规的预防等。

7.4.1 建立三权分立的管理机制

采购与供应商管理业务,定点及定价是核心业务流程。在流程设计方面,需求、供应商寻源、执行采购三权分立、相互制衡;需求负责供应链战略,对订单和预测负责,它输出采购计划、采购申请及供应商能力需求计划;寻源采购负责供应商寻源、准入、供应商开发及供应商绩效,前面对接供应链尽可能早地识别寻源需求,后面对接执行采购;执行采购负责订单履行,包括询比、订单下达、收货、对账;通过建立三权分立的管理模式,虽然可能会牺牲一定的效率,但在保证业务合规性方面起到非常大的作用。这种机制在操作层面就要保证能快速执行,以减少供需双方可能存在的串通现象(图7-3)。

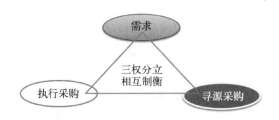

图7-3 供应商三权分立管理机制

7.4.2 基于数据的风险识别和管理

随着电子采购平台的大量应用,合规性在平台的掩护下难以识别和管理。但是,数字采购的大规模应用,在采购平台积累大量的采购数据和供应商数据。随着在平台上成交的业务越来越多,通过数据挖掘、AI等新技术的应用,防范风险确保依法合规由"被动应对"转变为"主动感知",提前识别合规的风险并主动进行处理。

供应商串标一直是采购行业比较难以识别和管理的不合规行为,也是采购领域多发的问题之一。供应商串标影响了公开、公平的采购环节,损害了公共利益,存在违规行为。对于串标的行为,采购组织可能因为操作不规范、流程控制不严、管理措施不到位导致供应商串标;也可能未关注系统询价单提示的预警信息,对预警信息不敏感,未强化风险防范意识,对供应商管理监督不到位、审查不严格导致供应商串标。

国资委一直在推动建立基于数字化智能化的采购交易管控体系,大力推进"一张网、一平台"央企采购交易管控体系。基于此,国资委在国资国企在线监管系统中专门开发建设了中央企业采购交易在线监管系统,并组织中央企业逐月上报采购交易数据,实现 97 家中央企业采购交易数据全面导入,覆盖所属各层级、全链条 45 000 多家法人主体实施的 200 万元以上采购交易。通过该平台,运用大数据、智能化工具,对每项采购交易的合规性、程序性等情况进行剖析,查找漏洞和问题,并以风险提示函的形式,督促企业核查整改。2021 年,国资委向央企发送了 1 700 余份风险提示函。中国移动通信集团有限公司通过大数据平台,尝试以智慧化手段开展疑似陪标分析;同时,中国移动通信集团有限公司通过 AI 算法及自然语言处理技术对采购过程文件及操作规范性自动核查并输出风险提示报告,从采购需求、采购方案、采购文件、采购实施、采购结果、合同签约和履行关键环节,辅助事前采购方案决策,防控事中违规操作风险,提升事后智慧监督能力。目前智慧合规已经实现了排斥限制潜在供应商、应招未招、规避决策等 11 个关键环节的 18 个核查点,对全集团超过 18 万个项目进行核查分析,协助精准定位超过 200 个合规问题。

对于采购人员而言通过关注如下因素,可以识别合规风险:

(1) 在电子采购平台,同一个询价单不同供应商的管理员身份证号一致、电话号码一致、销售人员电话号码一致、法定代表人姓名一致、注册地址一致等;

(2) 操作 IP 地址一致,不同供应商使用同一 IP 地址报价;

(3) 同一人在平台注册不同公司并参与同一场报价;

(4) 成立时间小于报价时间 30 天;

(5) 自然人股东姓名相同;

(6) 供应商有近三年有行政处罚记录、供应商被列为全国法院失信被执行人；

（7）通过大数据开展疑似陪标分析。

7.4.3　审计及改进

定期开展采购及供应商管理业务审计或开展体系文件审计,审计内容包括两个方面：一方面是审计流程和体系,对采购和供应商管理业务是否按照设定流程执行,以识别组织内部采购与供应商管理人员是否合规;另外一方面是可以对采购订单的商务过程、订单履行过程以及供应商资质信息等进行自查,一般识别供应商是否存在违规行为。针对审计中存在的问题,制订改进方案,对问题进行闭合。循环往复,持续改进。

7.5　供应商持续改进

持续改进来源于日本的质量管理理念,要求采购组织通过不断地提高企业管理的效率和有效性,实现其质量方针和目标的一个方法。通过对供应商持续改进以提高其绩效。宇航行业的持续改进,其核心理念在于以下三个方面。

7.5.1　文化及理念的认同

以中国航天为例,中国航天经过 60 余年的发展,形成了以"严、慎、细、实"为特征的航天文化。航天人独创的"航天质量问题归零管理"（又称"双五条"质量问题归零）成为国际标准,包括"管理五归零"：针对发生的质量问题,从管理上按"过程清楚、责任明确、措施落实、严肃处理、完善规章"的五条要求逐项落实,并形成管理归零报告或相关问题活动;"技术五归零",即针对发生的问题,从技术上按"定位准确、机理清楚、问题复现、措施有效、举一反三"的五条要求逐项落实,并形成技术归零报告或技术文件的活动。此外,中国航天科技集团有限公司在航天质量管理方面,提出并践行航天产品保证管理,从产品保证管理、质量保证、可靠性保证、安全性保证、维修性保证、空间环境适应性保证、元器件保证、材料机械零件保证及工艺保证、软件产品保证等 10 个方面系统地管理航天产品质量,全面提升质量保证能力。

要成为宇航企业的供应商,就要认同航天文化,特别是质量文化。供应商质量管理,从供应商寻源到供应商开发、供应商绩效管理贯穿供应商全生命周期管理。作为供应商关系管理的重要组成部分,传递供应商质量文化是每个采购与供应商管理人员的基本职责。很多企业,通过编写《供应商工作手册》作为对供应商的基本要求和质量文化传递的载体,确保信息沟通和要求传递更为细化,措施制订和运行实施更为协调,利于充分落实。

7.5.2　对供应商的"传帮带"

供应商辅导定义是指向供应商提供帮助,使供应商能够对设备和原材料适当投资。辅导的范围包括提供制造问题的技术支持、允许供应商使用企业优势采购协议甚至提供资金。

供应商辅导通常是在信息系统、管理、质量等方面的培训。提供培训原因是需要供应商在这些方面具备能力,以便与采购方的运营建立更多的集成。目标是帮助供应商全面了解采购方的产品和服务需求,以便供应商的产品和服务更好地融入最终产品和服务。

进行供应商培训的好处是:提高供应商的绩效、增进供应商与采购组织的关系、与供应商之间建立支持网络。需要注意的是,采购方需遵守承诺并付诸实践,且必须愿意维持支持性的文化,否则,培训可能不会对供应商的绩效产生实际的效果;此外,采购方应该确保供应商能够对信息进行保密,同时认识到有竞争关系的供应商参与培训可能出现的潜在问题。

丰田公司是供应商培训方面的典范,其要求供应管理专业人员去访问供应商,到现场查看其运作,也包括邀请供应商来查看供应商管理专业人员的组织。以此帮助双方更好地了解彼此的运作,带来改进的机会。

【案例13】 +·—·+·—·+·—·+·—·+·—·+·—·+·—·+·—·+·—·+·—·+·—·+·—·+·—·+·—·+·—·+·—·+

供应商辅导,产品质量不断提升

随着交付订单数量的急剧增加,某企业连续发生了多起质量问题,其中60%是由于供应商的原因导致质量问题发生。有些质量问题甚至导致极其灾难性的后果,损失巨大。该企业经过深入思考,强化对供应商"传、帮、带",通过输出先进管理方法、协助解决供应商困难等措施,强化供应商辅导,并固化到供应商管理体系中,并进一步向供应商一线落实,经过两年的治理,在供应商交付产品逐年数量增加的同时,质量问题(归零)发生数量不断下降,累计下降67%。

1. 向供应商输出先进管理方法

为确保外协产品质量稳定,将自身实践证明行之有效的先进管理方法持续向供方进行推广,以管理提升促进形成持续的双赢局面。

(1) 供应商 A 承制了大量零件机械加工类任务,过程控制及出厂自验收充分,2017 年一次交检不合格率为 0.08%,远低于平均水平的 0.29%;

(2) 供应商 B 承制了光学系统类组件任务,对各项目开展特性分析、建立生产基线,并严格控制产品出厂质量,实现了 2017 年产品交付及使用过程不合格品审理的"零发生";

(3) 供应商 C 等 20 余家单位,协助开展了生产基线建立及产品特性分析工作,有效固化了生产要素,提升了风险控制能力。

2. 供应商的困难就是企业的困难

针对研制及使用过程产生的各类技术难题及质量问题,企业与供方发挥各自优势,携手攻坚克难,实现了共同进步。

针对某发动机输出能力下降问题,与供应商共同进行问题复查、故障定位,最终通过完善产品装配过程衔铁偏斜量的量化控制,认识到了以往未关注的过程特性,对问题进行了彻底解决,实现了电磁阀可靠性设计与装配技术的双进步。

7.5.3　早期供应商参与

早期供应商参与(early supplier involvement,ESI)是在产品开发过程的早期,将一个或多个选定的供应商与买方的产品或服务设计团队结合在一起的一种做法,目的是利用供应商的专业知识和经验。ESI 至关重要,因为产品或服务成本的 70% ~ 80% 是在设计或规范阶段确定的。供应商是其领域的专家,因此通过 ESI 在设计阶段融入他们的想法和能力可以加快产品研发从而缩短研制周期,提高最终产品的功能性,提高可制造性和质量,降低成本,并确保可用性。此外,通过将供应商的工程师与采购组织的工程师协同,可以共同解决问题,以制订更好的解决方案。

参考文献

刘宝红,2019.采购与供应链管理:一个实践者的角度[M].第 3 版.北京:机械工业出版社.

柳荣,2018.采购与供应链管理[M].北京：人民邮电出版社.

辛童,2018.采购与供应链管理：苹果、华为等供应链实践者[M].北京：化学工业出版社.

周云,2014.采购成本控制与供应商管理[M].北京：机械工业出版社.

朱国弟,2022.打造阳光采购环境，推动采购数智化转型，建设"世界一流"智慧现代供应链[C].北京：中国招标投标协会2022年央企会员单位交流研讨会.

Christian Schuh, Michael F. Strohmer, Stephen Easton,等,2016.供应商关系管理——机会与价值最大化[M].李学芸,吴江,译.北京：清华大学出版社.

P.弗雷泽·约翰逊,安娜·E.弗林,2020.采购与供应管理[M].原书第15版.杜丽敬,译.北京：机械工业出版社.

第八章　供应商绩效评价

对供应商承制任务过程进行绩效评价是对企业与供应商的合作行为进行持续不断的评价、监督,促使其不断改善与提高,以满足企业在质量、交期、价格、服务等方面的要求,提升企业竞争优势。为此,企业需要建立一套适合自身的供应商绩效评价方案,有效评估与管理供应商绩效。根据评价结果,针对性地改进与提高合作过程中需要改进的环节,并对已有供应商进行评级分类。

8.1　绩效评价的基本概念

供应商绩效评价对象是已经认证的供应商,是对企业在合作阶段与供应商关系是否融洽,供应商在质量、工艺等方面表现是否良好,以及在交期等方面是否准时,供应商管理是否规范等进行全面的评价。供应商的绩效评价是对供应商在合作阶段的表现以及成效的评价,不仅仅是对合作结果的评价。我们的目的是对整个合作阶段进行评价,从而对供应商进行评优,分级。同时经过绩效评价,可以找出各个供应商的薄弱环节,制订惩罚措施来促进其改进,协助其发现企业与供应商合作的不足之处,并找到解决方案,改善供应绩效,从而更好地为企业提供高质量的产品及服务。

一项有效的供应商绩效评价应该满足综合性、客观性及可靠性原则。评价应该包含对评价和选择过程而言非常重要的绩效类别,评价过程必须尽可能地客观量化。同时,项目和考核标准必须是可靠的。为了加强对合格供应商的产品质量、交货期、服务合作等方面的考核与控制,实现对供应商的科学管理,为供应体系的完善和供应商发展提供准确、全面、科学的决策依据,需建立完整的供应商考核与评价体系。

8.2 供应商绩效评价模型

构建一套完整的评价模型是一个复杂系统的工作,涉及供应商合作阶段的诸多方面,关系到对供应商评价结果的有效性。在构建评价模型时,应当遵循全面系统性、适用性、科学性、定性与定量结合及共同商定等原则。供应商评价模型必须能够全面反映企业与供应商合作阶段的整体水平,指标要具有代表性,对各个阶段进行综合考虑,使得指标间没有重叠,一级指标和二级指标要有层次系统性,与总目标具有一致性,这样可以全面系统地评判供应商实力和绩效。

宇航企业对供应商绩效的关注点与一般企业有很大的不同。首先是对产品质量,可靠性要求很高。由于项目任务具有科技含量高、系统复杂、风险大等特点,所需产品质量及可靠性的高低是关键要素,产品质量出现问题以后,可能引发一系列连锁反应,最后项目无法进行,对企业造成重大损失。再者,宇航企业所需的产品有些是具备特殊的工艺的,对其生产工艺以及供应状态有特殊的要求,生产制造过程相对于其他产品会比较复杂,生产周期较长,所以产品的交货情况会影响项目进程,项目的推迟延期可能会造成不可避免的损失。当然,在采购阶段,在选择合适的采购方式的同时也要考虑采购价格,以合适的成本获得合适的服务,所以产品的价格这个指标也要考虑在内。对整个采供合作过程来说,整个生产的流程以及管理是非常重要的。如果一个供应商具备高素质的管理能力,那么在正式工作阶段将会省去很多不必要的麻烦。综上,企业绩效评价指标的选择为产品的质量、进度、价格及服务水平,同时兼顾考察供应商在管理上的履行能力。

8.2.1 产品的质量

1. 历史绩效

1) 质量

(1) 交付合格率:产品或过程质量合格情况。

(2) 订单完成率:供应商订单完成情况。

(3) 交付文件:交付文件的完整性、规范性。

(4) 质量问题:产品发生质量问题情况。

2）进度

（1）按时交付：按约定的时间和数量提供产品情况。

（2）进度反馈及时率：按要求反馈产品进度情况。

3）价格

（1）价格竞争力：相比同类产品供应商价格优势情况。

（2）价格变动：供应商是否存在恶意涨价情况。

（3）价格合理性：供应商所交付产品的性价比。

4）服务

（1）归零情况：质量问题归零的及时性及与归零要求的符合性。

（2）技术支持：对产品使用的指导、新产品的推广介绍等服务满意性。

（3）服务情况：服务期限内，对提供现场服务的及时性的满意程度。

8.2.2　履行能力

1. 组织内的变化情况

（1）资质证书维持：评价保密资格认证证书、质量管理体系认证证书、装备承制单位资格证书、武器装备科研生产许可证、GJB 5000 认证等维持、变动通知及时性。

（2）信誉情况：社会信誉良好情况。

（3）重要信息协同情况：组织机构、工厂地址、设施设备、生产基线等的变动及通知情况。

2. 任务承担能力

（1）财务稳定性：持续保持财务稳定可靠性情况。

（2）人员稳定性：关键技术及管理人员的流失情况。

（3）产能利用率：企业的生产能力满足持续供货要求的潜力。

（4）供应商资源：次级供应商管理情况。

3. 质量保证能力

（1）质量管理体系外审情况：质量管理体系外部审核的及时性。

（2）质量管理体系持续有效运行：质量管理体系持续改进、闭环落实情况。

（3）现场检查闭环率：现场检查发现的问题整改、落实情况。

4. 进度保证能力

（1）项目计划合理性：项目分解及计划制订合理性。

（2）项目执行情况：项目按照计划执行情况。

（3）计划变更、控制情况：计划更改及控制措施。

供应商绩效能力综合评价内容见表 8-1。

表 8-1　供应商绩效评价模型

序号	一级指标	二级指标	三级指标	评　价　内　容
一、历史绩效评价内容				
1	质量	验收合格情况	交付合格率	实物质量是否一次合格，一次不合格情况下二次验收对进度的影响
2				一次交检合格率=评价周期内接受的合格产品数/评价周期内的接收数
3			订单完成率	订单完成或失效，评价周期内订单完成数/评价周期内应完成订单数
4			交付文件	文件提交齐全合格并接收的情况
5		质量问题及影响	质量问题	发生一般质量问题、严重质量问题和重大质量问题的个数
6				发生个性质量问题、批次性质量问题的个数
7	进度	按时交付	按时交付	按时交付与否，未能按时交付评价其对进度的影响情况
8				评价周期内，订单按时完成数/订单总数，按时完成指约定时间 1 个月内
9		进度协同	进度反馈及时率	订单执行过程中，进度及时反馈订单数/订单总数
10	价格	价格合理情况	价格竞争力	与同类产品供应商相比，价格优势及价格连续下降趋势
11			价格变动	是否遵循约定价，涨价要求提出的频繁程度
12			价格合理性	产品价格合理情况
13	服务	归零情况	归零情况	质量问题归零的及时性、与归零要求的符合性

续　表

序号	一级指标	二级指标	三级指标	评 价 内 容
14	服务	技术支持	技术支持	对产品使用的指导、新产品的推广介绍等的满意程度
15		服务情况	服务情况	服务期限内,对提供现场服务的及时性的满意程度(如积极配合订单变动、危机问题处理等)

二、履行能力评价内容

序号	一级指标	二级指标	三级指标	评 价 内 容
16	履行能力	组织内的变化情况	资质证书维持情况	资质保持良好,资质变更并及时通知的情况,针对资质升级情况不强制性通知,对资质取消或暂停的评价通知的及时性
17			信誉情况	社会信用良好情况,有无受到行政处罚
18			重要信息协同情况	组织机构、工厂地址、设施设备、生产基线等的变动及通知情况
19		任务承担能力	财务稳定性	企业的盈利情况、库存周转及资产负债情况等
20			人员稳定性	关键技术及管理人员的流失情况
21			产能利用率	生产能力满足持续供货要求的潜力 产能利用率=实际产能/设计产能×100%
22			供应商资源	次级供应商管理要求的制订及传递情况
23		质量保证能力	质量管理体系外审及时性	是否按期开展质量管理体系外审
24			质量管理体系持续有效运行	对内、外审发现的不符合项未及时进行闭环及质量改进情况
25			现场检查闭环率	现场检查发现的问题整改、落实情况
26		进度保证能力	项目计划合理性	项目分解及计划制订合理性
27			项目执行情况	项目按照计划执行情况
28			计划变更、控制情况	计划更改及控制措施

8.3 库内供应商更新

满意的供应商是确保最终产品质量的关键。如果供应商选择不当,无论过程的控制方法多么科学,采用的管理手段多么严格,都无法避免产品质量出现缺陷。在企业供应商全生命周期管理中,库内供应商更新是企业全面开展质量监测的重要环节,是全生命周期的最后一个阶段。企业需要对供应商进行综合评价,其结果作为企业对库内供应商进行更新的依据。

通过对供应商的综合评价,可分析出企业在各业务领域的品类需求,以及各品类需求对应供应商的分布布局,以此作为更新决策的数据基础。供应商管理委员会可根据市场变化、国家政策等外部因素以及战略规划、当前形势等内部因素,针对其经营状况、供应能力、技术能力、规章运行、品质保证等进行评估,同时结合供应商供给的重要性和稀缺性,综合分析与之合作关系,对供应商进行更新决策,制订相应的合作计划,以具体措施的形式逐步实施。企业供应商更新决策方式如图 8-1 所示。

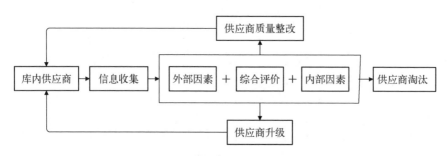

图 8-1 企业供应商更新决策方式

供应商更新是供应商全生命周期管理中的一个重要决策,目前在市场上,同一产品的供应商数目越多,供应商的选择就越复杂,这就需要有一个规范的程序来操作。一个好的供应商是指拥有持续制造高质量产品的加工技术、拥有足够的生产能力,以及能够在获得利润的同时提供有竞争力的产品。

8.3.1 明确更新决策的原因

基于产品型谱的发展、产品应用的评估、资源利用的统筹因素,对供应商进行决策更新(图 8-2),通常有以下几种原因。

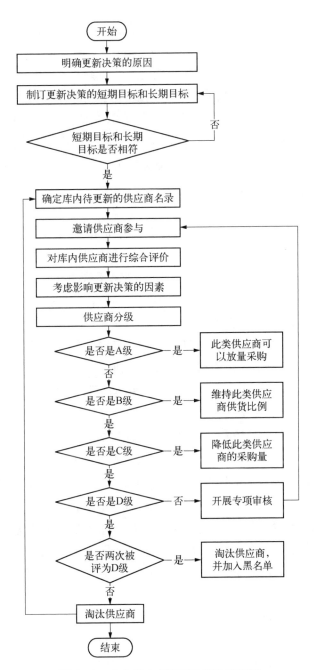

图8-2　企业供应商更新决策的流程图

（1）技术调整：由于产业技术更新，用户需求功能增加，原定型产品逐步升级，进行着方案优化、系统集成等状态变化后，产品型谱的企业进行动态配置,所以与原产品相关联的供应商可能也会从任务上有所调整。

(2)评估调整:在与供应商合作的过程中,对供应商产品和服务提供质量、进度、成本的综合评价,同时还需关注产品和服务的替代性。

(3)战略调整:基于政策法规,为争取竞争优势,企业进行战略决策调整、重点开发方案转变,出于发展规划、经营需求、价值导向等原因对供应商名录进行动态调整,企业减少原产品的生产计划,即影响对供应商的需求,甚至在新产品替代原产品时,则此产品无需求。

8.3.2 制订更新决策的目标

企业实施供应商评价,需要明确评价方法、运作流程、责任人,并且需要明确评价目标。对供应商实施更新,并不是孤立的过程,需要与企业自身实际发展业务现状相结合,是企业和企业之间进行业务重构的过程,影响较为深远。

在决策更新阶段,企业既要关注供应商的综合评价分数的排名,还要结合企业的战略、国家的政策等一系列因素。

更新决策的目标一般有短期目标和长期目标。长期目标对企业发展至关重要,关系到企业未来的竞争能力与市场地位,但耗资巨大,技术复杂,市场反应不能确定,具有相当大的风险性。短期目标对企业现实运行有重要意义,它确保企业正常运行。

短期目标:供应商综合评价的短期目标包括如下内容。

(1)获得符合企业总体质量和数量要求的产品和服务;

(2)确保供应商能够提供最优质的服务、产品及最及时的供应;

(3)力争以最低的成本获得最优的产品和服务;

(4)淘汰不合格的供应商,开发有潜力的供应商,不断推陈出新;

(5)维护和发展良好的、长期稳定的供应商合作伙伴关系。

长期目标:对供应商开展评价只是一种手段,而不是最终目的,企业希望通过对供应商的能力进行评估发现供应商存在的不足,进而帮助供应商不断改善提高。对于供应商来说,也可以通过评价来发现不足,由此明确自身定位,明确航天企业的需求,进而通过不断完善成长为优质的合格供应商,为企业在今后的竞争中赢得优势。企业更新决策长期目标一般有以下几个。

(1)供应商的细分。为了提高供应商的选择效率,航天企业应对自己的供应商采取细分策略。日益激烈的市场竞争,企业面对着来自各个方面的压力及挑战,企业想用有限的资源来争取最大的效益。显然,是不可能将有限资源等分给备选供应商的。根据供应商对企业的重要程度进行细分,而后得出合理的供应商分类。只有这样,才能选出合适的供应商为企业争取最大的效益。

(2)多角度选择供应商。为了在全方位、多层次的竞争环境下寻求突破与发展,在选择合适的供应商时也必须是多角度、多方面的。所以,在选择供应商时,除了对供应商的产品价格、质量、财务等方面的考虑,还要考虑供应商的企业文化、经营理念是否与企业发展相一致。在保证能够选到合适的供应商,同时又尽可能减少企业所消耗的人力、财力、物力的基础上,尽可能简化选择流程,设计出最科学有效的选择方式。

(3)实现双赢合作。经济飞速发展,市场竞争环境日益激烈,单个企业的发展已经很难寻得大的突破,唯有企业之间的相互合作才能带来更多的商机。所以,应选择那些能够实现优势互补的供应商,加强合作,共同促进企业的长远发展,实现共赢。

(4)降低企业成本。从企业的成本构成来看,采购环节是成本中占比最大的。根据利润杠杆效应,采购成本降低1%时对企业受益的贡献相当于销售额增长7%~8%,当企业通过提高内部生产和产率来降低成本的空间不大时,合适的供应商会使企业在采购成本中获取竞争优势。科学有效地进行成本控制,不论是对于降低企业自身成本,还是对于整条供应链的成本竞争力的提升,都有着重要的影响。

(5)有效控制产品质量。对于航天企业来说,零部件质量是其控制的首要环节。当前航天器型号生产研制所需要的各类型号物资,绝大部分是由供应商提供的。航天器型号产品的性能,质量和可靠性在很大程度上取决于航天器型号物资的性能/质量和可靠性。随着越来越多的企业参与到供应链中来,发展合作伙伴关系,促进产品发展。这对于产品质量的提升有着很大的作用。进行供应商选择对于产品的质量提升也有着极其重要的影响。

8.3.3 确定待更新供应商名录

企业在进行更新决策前,应该首先确定库内待更新的供应商目录。通过供应商信息数据库及采购人员、销售人员等媒介渠道,了解可能供货的供应商或者在一定范围内进行公开招标以确定备选供应商信息。

8.3.4 邀请供应商参与

一旦企业决定实施决策更新,必须与选定的供应商取得联系,确认他们是否愿意与企业建立供应链合作关系,是否有获得更高业绩水平的愿望。所以,企业应尽可能早地让供应商参与到评选的设计过程中。然而,企业的力量和资源毕竟是有限的,只能与少数关键的供应商保持紧密的合作关系,所以参与的供应商应该是经过精选确定的。

8.3.5 对库内供应商进行综合评价

对供应商选择评价的依据是供应商综合评价指标体系,企业需要建立科学有效的供应商的综合评价体系。在广泛搜集了备选供应商的信息和建立综合评价体系之后,接下来就是根据已经建立的综合评价体系独立评价每一个供应商,由体系的要求来确定供应商的实际水平。

8.3.6 考虑供应商更新决策的影响因素

综合评价的分数只能作为决策更新的参考,企业的决策更新应该考虑外部因素和内部因素,从战略层面进行更新决策。其中外部因素包含市场变化、国家政策、供应商数量及技术变化等,内部因素包含企业战略调整、需求变化、质量期望变化、供应的一贯性等。

8.3.7 供应商分级

由于决策更新的结果必须通过一定的形式表现出来,因此对供应商进行分级。供应商分为五个等级,如表 8-2 所示。

表 8-2 决策更新的结果

级 别	结 论
A 级	优秀供应商,可升级为战略供应商
B 级	合格供应商,正常配额
C 级	合格供应商,减少配额
D 级	限制性合作供应商
E 级	淘汰供应商

被评为 A 级或战略供应商的商家可以进行放量采购,即有需求直接下订货函,无须任何评审,节省业务流程。对于这类供应商,企业会优先进行选择,考虑增加配额、优先付款等激励措施,并择机发表扬信。B 级为普通供

应商,占供应商总量的最大比例,继续保持其合格供应商资质,维持供货比例。C级供应商继续保持其合格供应商资质,但是考虑减少配额,每次交集前进行简单的总量控制,防止采购量过大,产能缺乏。D级为控制级供应商,停止一个周期合同签署,组织开展专项审核,以防风险的发生。连续两次被评为D级则由合格供应商降级为E。得分为0(即发生重大事故的供应商),直接转为黑名单淘汰处理,不允许有整改机会。

8.3.8 供应商名录的动态调整

以综合评价的分数为数据基础,结合相关的影响因素,对库内供应商进行更新。

1. 淘汰供应商

企业处于技术革新、产品更替的过程中,供应商的产品和服务没有与企业需求相适应的技术和能力,或评价不能完全满足企业的应用需求,则企业对名录内供应商的品类、数量会逐渐减少。

2. 新增供应商

随着企业新产品的开发、新型优质供应商的出现,企业将在行业内挖掘新的合作伙伴,作为新产品的供应链的重要组成。

3. 供应商业务调整

供应商业务调整主要分为固化供应商和固化业务。

1)固化供应商——业务更新

由于企业内产品的技术状态变化,需求供应商承制的品类、任务指标也会发生变化,从企业整体需求而言,如供应商具备先进的技术水平、优质的管理系统、稳定的供货能力,如某一个产品对此供应商无需求时,可考虑其他产品对此供应商相似的品类需求,即为认可供应商的专业能力,保留供应商合作关系,只更新具体任务。

2)固化业务——供应商更新

企业的业务需求不变,在与供应商合作过程中,其产品及服务的供给不理想,影响了企业整体产品的运行计划甚至交付用户。针对此类情况可将业务由一般合作的供应商转入战略供应商。

8.3.9 建立合作伙伴关系

在实施供应链合作伙伴关系的过程中,市场需求将不断变化。企业可以根据实际情况的需要及时修改供应商评选标准,或重新开始对供应商进行综合评价。在重新选择供应商的时候,应给予新旧供应商以足够的时间来适应变化。建立起互利共赢的伙伴关系,真正形成相互支持、相互协作、互利共赢的战略伙伴关系。

【案例 14】

PCB 供应商绩效评价案例

某企业通过绩效评价,发现 PCB 供应商出现质量下滑,且产品供应紧张。进一步分析,识别供应商存在板面阻焊膜局部存在密集性小凹坑、刚性板板厚超差、印制线条上的阻焊违规修复、翘曲度超差等突发问题,严重影响生产线应用的情况,从质量整改、订单治理等方面开展了一系列控制活动,逐步稳定了 PCB 质量及交付形势。召开专题讨论会,确定了 PCB 各类问题的快速处理意见:

（1）组织 PCB 供应商开展质量问题分析,从技术及管理两方面制订控制措施;

（2）组织开展质量问题归零评审,对各类质量问题及产保要求执行争议条款进行了讨论;

（3）由产品总工带队,赴 PCB 供应商现场召开了质量分析会、产品保证要求协调会,对生产过程技术要求及成品检验标准达成了一致意见;

（4）从订单管理角度调整 PCB 供应商投产策略,逐步向绩效评价优秀供应商倾斜;

（5）集中梳理了半年内的 PCB 投产需求,开展提前投产,制订了订单盯产计划,安排专人赴供应商现场进行盯产,及时解决问题确保订单顺利交付。

【案例 15】

美国太空探索技术公司供应商绩效评价案例

美国太空探索技术公司(SpaceX)成立于 2002 年,主要承担重型运载火箭、龙飞船、星链等研制任务,秉承低成本、高可靠的理念,以扁平化的组织结构为基础,运用科研生产纵向一体化的模式,降低产品实现过程中的风险,提高企业竞争力,逐渐成为商业航天领域的领头羊企业。SpaceX 在纵向一体化的模式下,独自承担大量飞船、火箭的设计、生产以及测试,实现了全产业流程的集成,以火箭供应商为例,绝大多数供应商是提供机加服务或者商业现货部件,像发动机、子级、贮箱等大部分关键部件均在 SpaceX 内部完成。在充分管控关键风险的基础上,SpaceX 重视供应商管理,对其供应商提出一套科学、严格的标准,可操作的流程,并以订单处理系统为支撑,确保供应商按时交货、提供满足要求的产品。

2019 年 3 月,SpaceX 公司发布新版供应商计分卡,计分卡适用于所有供应商。SpaceX 采用计分卡方式对供应商进行评级,基于前 6 个月的滚动数据,定量展现供应商的质量和交付绩效,实现供应商动态监管。计分卡可以实现评估指标及评价方法标准化,增强 SpaceX 与供应商关系的透明度,实时了解供应商质量趋势和进度,依据目标要求实现供应商排名定级,有效支撑供应商关系管理。

计分卡包含供应商信息、供应商绩效、统计分析情况以及供应商等级四部分,供应商信息主要涵盖供应商基础信息,历史承制产品的质量信息,供应商类型(合格供应商时间、质量认证情况、提供产品类型)及沟通人员信息;原始数据主要作为电子附件备查。具体情况如图 8-3 所示。

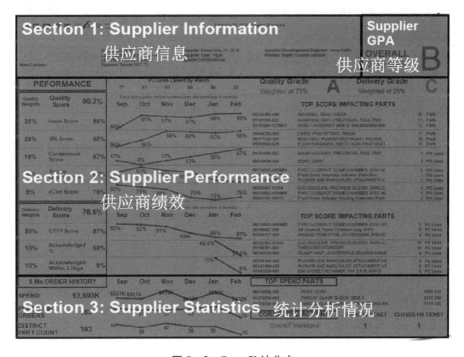

图 8-3 SpaceX 计分卡

通过供应商计分卡，实现供应商绩效的定量统计及趋势分析。供应商绩效评价项目为质量与进度两方面，主要运用线性加权法形成最终绩效评价分数。针对某些供应商不适用的条款，可在基础上对权重进行相应调整，具体绩效评价指标体系及权重如表8-3所示。

表8-3　绩效评价指标体系及权重

序号	一级指标	二级指标	指标要素说明	二级指标权重
1	质量	不合格品率	SpaceX发现的供应商导致的产品（服务）不合格	35%
2		供应商信息批准请求（SRI）	交付检验前过程中发生的问题产品数	20%
3		质量控制	由于供应商质量问题导致SpaceX需要采取控制措施	10%
4		货源检查（现场检查发现的问题）	交货前，硬件或软件的失效	30%
5		文件提交情况（eCert）	交付文件不满足要求	5%
6	进度	按时交付	按照承诺的原始时间交付	80%
7		订单确认的百分比	供应商对SpaceX发出订单的确认情况	10%
8		72小时（3天）订单确认的百分比	SpaceX发出订单后，3天内供应商的确认情况	10%

供应商绩效等级计算方法：质量及进度一级指标分值计算方法为线性加权法，不同的分值对应不同的GPA。基于一级指标的GPA数值及权重（75%的质量和25%的交付）最终确定供应商的GPA。具体GPA对应情况如表8-4所示。

表 8 - 4　供应商绩效等级计算方法

等　级	开始分数	GPA
A	90%	4.0
B	80%	3.0
C	70%	2.0
D	60%	1.0
F	0%	0.0

依据上述指标及等级计算方法,若 SpaceX 的供应商质量部门或采购部门发现供应商评级呈下降趋势或持续低于平均水平(C 评级是评级系统中的平均值),将联系供应商启动改进措施。若供应商连续两个季度记分卡评级均为不合格(D、F 评级在评级系统中表示不合格),将导致供应商降级至试用期,供应商则必须根据 SpaceX 的要求启动正式的纠正措施。若供应商未能执行适当有效的纠正措施可能导致取消供应商资格。

参考文献

宫迅伟,2020.供应商全生命周期管理[M].北京:机械工业出版社.

姜宏锋,邢庆峰,2020.供应链质量防线:供应商质量管理的策略、方法与实践[M].北京:机械工业出版社.

李联辉,高阳,朱德馨,等,2018.一种面向制造企业的供应商优选方法[J].现代制造工程(3):41-46.

刘晓,李海越,王成恩,等,2004.供应商选择模型与方法综述[J].中国管理科学,12(1):139-148.

陆婷婷,2016.供应链环境下 B 公司汽车零部件供应商的评价与选择模型研究[D].杭州:浙江工业大学.

骆建文,2009.采购与供应管理[M].北京:机械工业出版社.

毛建群,2018.KPI 指标影响下的供应商评价模型与实施机制研究[D].杭州:浙江工业大学.

张连振,2011.大型装备制造业供应商的评价选择研究[D].上海:上海交通大学.

朱友戈,2018.高风险供应商质量管理策略[J].管理方略(1):185-188.

第九章 供应商管理信息系统建设及应用

高德纳(Gartner)曾预测：到 2020 年，多数公司的 75%业务将会是数字化或处于数字化转型的路上，没有前瞻性数字化业务战略的企业，在未来5~10 年内将很难生存。2019 年 12 月 25 日，工业和信息化部发布了《企业数字化采购实施指南(2019 年版)》，旨在从如何推进采购数字化转型、优化采购组织和流程、增强数字化采购能力等方面，为企业提供一套客观、可行、有效的实现方法、可选路径和策略建议。第六章华为也提出"利用数字化技术，建设极简交易模式"是战略采购的特点之一。因此，数字化采购未来在可预测的战略寻源、自动化的采购执行以及开展前瞻性供应商管理等工作，开启价值增长新时代。

9.1 供应商相关信息和数据的获取

9.1.1 供应商信息数据

（1）供应商信息(经营范围、地域、能力、企业性质、联系人等)；

（2）供应商名录及动态管理：有哪些供应商，这些供应商有哪些供应品类，或者某品类对应哪些供应商、哪些供应商在发生业务；

（3）从供应商处获取或者收到了来哪些文件和信息(供应商公司介绍、目录、产品规格、价目表)？

（4）如果这个供应商同时也是一个重要的客户，采购和销售人员可以查看采购和销售数据。

9.1.2　采购业务数据

（1）详细记录全流程的采购活动：供应商确定过程、价格确定过程、订单、合同、绩效等。

（2）基于品类进行支出分析：对于某个供应商，支出的金额是多少？这些支出是为了采购什么产品？谁在采购？有哪些重要趋势或者变化？

（3）与某个供应商现在有哪些合同？这些合同什么时候到期？

（4）某供应商参与了哪些采购项目/品类？中标了多少品类？项目流标的原因是什么？哪些品类退出了？

（5）与该供应商正在进行的项目？供应商与我方的参与人员？目前的进展情况如何？存在哪些需要协调的问题？有哪些相关的资料可用？

9.1.3　供应商风险

（1）供应商是否存在交付风险、质量风险等？

（2）风险、安全性及持续性发展：供应商是否确认会遵守所有的政策和规章制度？是否存在漏洞？

（3）供应商行为是否都符合法律法规？

9.1.4　与供应商的交互信息

（1）哪些部门的哪些人员和某个供应商联络相关事务。

（2）内部联系记录：谁熟悉这家供应商？该员工与这家供应商的关系如何？什么时候应该邀请他参与其中？

（3）供应商来维护自己的登记信息、联系方式和付款数据等信息，从而使供应商能够更积极主动地合作，包括参与项目执行。

9.2　设定供应商管理系统建设目标

信息化工具是为了企业采购需求和供应商全周期管理而存在的，基本功能包括：合规性管理及供应商基本绩效管理、企业内部的协同与合作、与供应商的协同与合作。宇航企业的采购品类也较为繁杂，供应商来源也较为复杂。通过构建统一的供应商关系管理（SRM）系统，可以促进企业采购与供应商全生命周期管理的理念落地。

9.2.1 统一业务流程

建立统一规范的业务流程,并将其固化在 SRM 系统中。对采购业务进行优化,同时考虑未来的发展愿景。在 SRM 系统统一管理的基础上,对业务流程进行梳理归类。满足多样性业务调整,打造一套规范化、透明化的业务流程,并且全程可追溯。

9.2.2 建立极简交易模式

建设一站式供应商管理平台,实现采购业务的有效管理,全面提高整个供应链的执行效率、反应速度。结合在线询价、竞价、招投标工具,实现在公平、公正、公开、合法合规的竞争环境下的合理降本;搭建供应商协同操作门户,可在线上与供应商进行业务协同,实现采购合同协同、订单协同、送货协同、退货协同、绩效改进协同、财务协同等。

9.2.3 实现数字化管理

供应商信息统一维护,建立不同维度的供应商分类体系及供应商数据档案,实现从新供应商引入,到资质审查及评估评价,通过 SRM 系统在需洽谈确认的节点,自动将信息推送至供应商,完成双方的信息交互,且所有交互记录有迹可循、可追溯。通过信息化手段实现采购数据整理和分析,为决策提供数据支撑。

9.3 确定信息系统建设方案

9.3.1 引入外部咨询对业务变革的推动

信息化工具的建设,往往伴随着业务的变革、流程的重新梳理。业务变革目的是解决企业面临的问题和痛点,就好比治病买药,直接去药店听取药店建议容易头疼医头脚疼医脚,复杂的病症先请医生诊断开方,再行抓药,这样要更加稳妥。企业的业务模式具有一定的复杂性,往往牵一发动全身,这就需要提前引入专家咨询,通过问题分析本质,查找病因,制订综合治理措施,慎重决策变革方案和计划,外部咨询在一定程度上可以提升变革效率和效果,使企业少走弯路。华为公司在引入外部咨询方面,先是引进 IBM 的集成产品开发、集成供应链等项目,累计投入数百亿,才有现在的华为公司。某单位在引入供应链变革前,通过"全面库存管理咨询项目""生产计划管理咨询项目""物料管理咨询项目"等多个咨询项目,邀请行业内资深专家和业务相关部门共同参与,对所内供应链管理组织结构、业务流程、岗位职责、考核体系等方面进行评价、咨询,使供应链相关人员充分认识到现有问题及差距,认同并积极参与到供应链业务变革方案论证与实施中。此外咨询老师带来行业内最佳实践,有丰富的实践经验,既能协助客户从顶层规划业务,还可以通过项目的咨询,为客户挑选种子选手,培养专业管理人才,可谓一举两得。

9.3.2　确定方案及项目蓝图

项目咨询团队、业务顾问,以及企业业务骨干组成联合项目团队,对企业的供应商管理现状、采购管理情况进行调研;对未来供应商管理需求进行收集和分析,针对性地出具调研报告和初步的系统方案。由业务骨干团队对流程方案进行讨论、评估和优化,最终形成最优解决方案,形成蓝图。经过专家评审通过后,向高层领导进行蓝图汇报及开发基线确认,取得高层领导的支持,以平衡满足各利益相关者的诉求,为后续业务上线运行奠定基础。

1. 明确建设方案

(1) 核心功能:建立统一的供应商门户,集成供应商全生命周期管理及采购管理,促进内外资源有效利用;采购及供应商管理业务监控报表分析,辅助提升采购管理能力与科学化决策能力。

(2) 提供便捷的交互方式:开通微信服务账号,为内部用户和外部供应商提供在线实时交互工具。

(3) 系统接口:打通与 ERP(企业资源计划)、BPM(业务流程管理系统)、合同管理系统、MDM(主数据管理系统)、QMIS(质量管理系统)的接口,实现全业务流程数字化运营。

(4) 部署方式:按照涉密网和互联网分别进行部署,通过物理交换进行数据摆渡,确保数据安全。

2. 供应商全生命周期管理业务蓝图

供应商全生命周期管理主要包括供应商注册、供应商准入审核、供应商分类管理、供应商考核、供应商分级管理、供应商整改、反馈几大模块。SRM平台业务流程见表9-1。

表9-1 SRM流程

一级流程名称	二级流程编码	二级流程名称	流程描述
供应商管理	S-01	供应商注册流程	供应商在SRM平台注册获取用户及密码进入SRM系统
	S-02	供应商准入流程	邀请供应商、选择供货品类、填写调查表进行资质审查并进入供应商合格准入
	S-03	供应商信息变更流程	供应商名称、地址、银行账户、证书有效期等信息变更流程
	S-04	供应商绩效评估流程	供应商管理组针对供应商考评的主要流程,包括考评指标定义、模板定义及考评成绩计算/填制、成绩发布等过程
	S-05	供应商PSL/淘汰流程	针对评估优选或不合格供应商的管理流程
	S-06	供应商风险管理流程	供应商风险及时识别、上报、解决全流程线上交互、追踪;供应商风险处理结果共享

（1）供应商注册：供应商在线注册,填写基本信息及产品类别,并上传如三证、许可证、ISO认证等相应的资质文件。

（2）供应商准入审核：审核供应商注册信息并根据供应商的不同经营模式或产品类别下发对应的调查问卷。收集并整理潜在供应商提交的问卷回馈信息,并评估潜在供应商的详细信息和对标情况,确定是否纳入供应商资料库。供应商进入审核后,可进行试制产品检测及现场审核,测试结果和审核结果附件可以上传至系统。支持线上发起供应商认证流程、供应商认证协同,多部门共同审核认证结果。

（3）供应商分类管理：按物资重要程度、绩效结果、采购类别、地区等不同维度对供应商进行分类管理。对于不同类别的分类,可进行不同的流程进行区分。同时建立多维度查询库,可根据需求查询各个维度供应商资料。

（4）供应商绩效考核：基于物资、服务分类、供货品类等建立维度相同，内容和侧重点不同的供应商考评模板。

（5）供应商分级管理：根据供应商考评结果对供应商进行生命周期管理，对于不合格供应商，进行淘汰，加入黑名单。不同等级的供应商可限制其参与业务范围的深度。

（6）供应商改进及反馈：对供应商日常事务管理增加供应商改进管理机制，提升供应服务水平。供应商进行整改，相关结果存档并由采购管理单位进行线上反馈。

3. 采购管理业务蓝图

针对采购管理的重点，我们将其主要分为采购申请、询报价管理（多种寻源方式均适用）、结果管理、价格管理，共计 6 个流程（表 9 - 2）。基于以上核心方案的实施，最终体现为三大业务提升点。

表 9 - 2　采购流程清单

一级流程名称	二级流程编码	二级流程名称	流　程　描　述
采购管理	P - 01	价格体系流程	执行采购将物料阶梯价格批量导入系统进行审批，后续业务中直接使用该价格
	P - 02	物资询价流程	物资询价全流程
	P - 03	外协询价流程	外协询价全流程
	P - 04	合同创建变更流程	物资及外协部门合同签订流程
	P - 05	订单协同流程	物资/外协要货计划，送货单及收货入库与供应商协同管理流程
	P - 06	对账协同流程	物资/外协采购订单入库后发起对账流程

策略自动化：即建立了统一的采购规则和采购来源控制，依托工作台可以选择业务流程，保障了寻源过程的效率。

操作便利性：通过系统自动调用模板生成寻源单据，对减轻手工录入工作量的效果是显而易见的。并且在招投标过程中提升了自动化程度，极大地简化其流程。

增强跟踪统计分析：根据寻源来源可以在整个寻源过程中进行追踪，为寻源结果的统计分析提供了快速准确的数据支撑。

寻源来源是寻源管理的基础，因此如何进行统一的寻源来源管理，是关键的第一步。

将来源信息统一归集：通过统一的单据管理采购需求统一归集到寻源请求单上。根据寻源请求单，可以看到寻源的基础信息、供应信息和操作方式等，特别是可以明确知道每次寻源的原因。

基于寻源请求单，通过内部审批的方式控制其流程，对于审批不通过的单据，无法进入下一个执行阶段。

如果通过审批，则进入执行阶段。该过程由系统自动生成，极大地提高了用户的工作效率。

9.3.3　开发微信端

微信与 SRM 系统进行集成，可支持待办事项审批、消息推送、部分核心业务处理等。通过开发可实现供应商在线报价，提高询价效率。供应商可实现信息提醒、预警、公告查看等功能；内部人员可实现内部流程审批、消息提醒等功能；采供双方可通过微信端协同业务单据，如线上报价。

9.3.4　搭建 SRM 管理平台

目前，某企业已经开始建设 SRM 平台，强化供应商管理与采购管理，实现了供应商注册到供应商退出的供应商全生命周期管理、物资采购业务、外协外包业务、微信公众号、供应商协同门户等功能。

9.4　推动业务上线

9.4.1　信息化系统对用户及供应商的挑战

如何使员工和供应商接受一种新的信息技术系统是一项非常重要的工作。如果没有合理地推广和维护，导致人们并不经常使用这个系统，那么其很快便会被淘汰。因此，业务上线将是对前期工作的一个严峻的考验。我们发现其实挑战并非来自系统本身，更多的是来自将系统投入使用的决心，以及对于这些系统的利用率。

很多企业开发建立了 SRM 系统,实际应用时都遭遇了困难,要想让用户和供应商接受,至少要达到以下几个基本要求。

(1)最大化地整合用户偏好:太过复杂的信息收集和集中呈现都可能会让使用者无所适从,觉得一头雾水,抓不住重点。在系统设计时,页面展示相对简洁的信息,允许用户根据需要选择其他显示信息或者制订快捷图标,以方便用户使用。

(2)方便快捷的提醒功能:SRM 系统内拥有大量有用信息,如何关注并使用这类信息,很多用户包括高层领导,没有意识到这些信息的存在。一套完善的 SRM 系统方案就需要允许管理员和使用者灵活定义各类提醒信息,即在某种特定的情况下,可以向所选择的用户发出提醒邮件或者微信(例如某供应商的绩效呈现下滑趋势等)。而通常这种能够设定偏好的提醒功能同样需要多维度的信息。

(3)可视化分析:有时候大数据不仅仅会带来过多的信息,而且会导致用户被细节所困,从而“一叶障目,不见泰山”。可视化分析不是如何创造好看的图表,而是如何将数据转换为容易理解的呈现方式,或者引导人们的注意力集中在需要被关注的地方。

(4)积极的实践管理:系统在企业内是如何被推广和监管使用的,是否有沟通各种新闻和成功案例及沟通的频率如何,并且使用者可以在多大程度上获得他们需要的支持采购及供应商管理相关业务在 SRM 系统的日常运作,通过输出的数据形成运营报告,定期进行检查,提升系统对业务的支撑作用。

9.4.2　制订上线策略

供应商管理系统涉及诸多内外利益相关方。内部利益相关方包括寻源采购、执行采购、需求方、监督检查、质量管理等几乎所有人员;外部利益相关方,包括数百家乃至数千家供应商、对应的客户及客户的客户等,因此为确保业务能顺利上线,制订详细完备的上线策略至关重要。上线策略包括:

(1)系统上线时间;

(2)业务切换策略及上线功能:哪些业务先上线或者试点上线;目前在线的订单如何处理(接受或者按照新的要求重新走流程);

（3）涉及的利益相关方及培训计划：内部的培训计划、对供应商的培训计划及培训方式；

（4）数据初始化：供应商数据导入、品类的导入；

（5）应急计划：系统运行支持计划及应急措施、业务运行支持计划及应急措施。

9.4.3　7个技巧推动业务快速上线

技巧1：高层领导的支持,特别是一把手的支持,是推动业务上线的重要保障。在项目论证阶段、项目启动、业务蓝图汇报、业务上线等关键里程碑节点,向高层汇报进展及需要的支持,这样领导既是参与者,也是决策者,当然也是推动业务上线的组织保证。

技巧2：关注内部利益相关方的利益和诉求。项目启动时,参与项目业务调研、业务流程讨论及梳理、负责业务蓝图汇报,并对项目收益负责;设定简洁、友好的工作系统界面,提升用户体验;在上线前,制订详细用户操作手册,制订培训计划,设定考核绩效,促进用户快速上手使用;上线后,制订系统运维、业务运维计划,确保业务执行。

技巧3：关注外部利益相关方,主要是供应商的利益和诉求。项目启动时,邀请供应商代表要参与需求及流程讨论;对于重要供应商,要深入沟通并签署确认单(表9-3),理解客户的业务变革。

技巧4：合规性审计及检讨。引入纪检部门的力量,参与到业务中来强化合规性培训和教育,建立合规性意识;并对不合规的行为进行约谈和改进;定期清理数据,实现以业务促系统运行,以系统推动业务高效运行。

技巧5：对业务执行情况进行监控,并对业务运行过程中出现的因为流程不熟悉、系统不熟悉的情况,要"祥林嫂式沟通",以营销思维推销和落实,消除因为沟通不畅带来的系统应用障碍。

技巧6：供应商是系统的核心用户之一,深入供应商一线,了解供应商对系统运行情况;发现并即使解决供应商使用过程中存在的问题或者系统bug。

技巧7：制度支撑要及时跟上系统上线的步伐。例如,制订道德采购管理规范,规范执行采购和供应商的行为;建立廉洁约谈制度、轮岗制度及制订采购管理办法,在操作层面给出具体管理要求。

表 9-3 供应商确认单

供应商名称			
沟通地点		沟通时间	
沟 通 内 容			
采购模式变革说明	一、规范采购业务 1. 先进行价格确认、合同签订,再下采购订单 2. MP 完成计划订单转采购申请 PR。Buyer 将 PR 推送 SRM 进行价格确认、合同审签、转采购订单、采购执行、对账 二、价格确认方式 1. 单一来源(适用于已定投产策略、线下已谈定价格情况) 2. 引用历史有效价格(适用于之前在系统中发生过采购业务,系统报价还在有效期的情况) 3. 询比(适用于某个品类有多家供应商供货,进行线上询比) 三、合同类型 1. 标准合同(执行采购根据需求询价结果进行发起) 2. 框架协议(适用于采购金额不高、采购频率较高的零散采购) 3. 结算合同(引用框架协议下达采购订单的产品,完成交付入库后订单闭环,三个月内执行采购发起自动对账,启动结算合同签署)		
	要求所有采购业务通过 SRM 系统进行下达和接收		
	禁止非 SRM 系统线下下达、接收采购任务		
SRM系统采购过程及控制点	SRM 系统采购流程:需求推送 SRM-执行采购询价-供应商报价-执行采购进行价格、供应商确定-价格审批-执行采购发起合同、引用框架协议-执行采购发布订单-供应商组织生产-交付-检验入库-对账-付款/签署结算合同后付款		
	内外网物理隔离存在数据交互时间差,容易造成系统数据信息与实际沟通信息不对应现象。会对报价及时性造成和内部核价造成影响,需要关注		
	外协报价要求主要控制点:单价、供货周期、可以在报价需求栏报价说明上写明价格构成或者通过询价单附件功能上传附件,说明报价构成等		
	订单的默认交货时间是:订单发布时间+报价时所填的供货周期		
	微信信息提醒功能点:询价单发布、价格审批完成后的中标信息等		
	承接任务依据是接收到订单(以 42/43 开头的订单,在 SRM 系统送货计划/我收到的订单页签可以查询到)而不是中标微信提示		

续　表

沟　通　内　容	
采购过程进展沟通方式	SRM通过要货计划实现交付协同,如要货计划发生变化,执行采购可以在要货计划页面对相应订单进行编辑变更要货计划发布,供应商在送货计划界面可以查询到相应新的要货计划,同时供应商应该通过送货计划,定期向执行采购反馈生产过程或变更的送货计划
	订单维度进行沟通,按照订单维度进行交付和考核
合同结算	标准合同模式:询价-报价-核价-签署标准合同-下达订单-组织生产-交付-对账-发票付款
	框架协议模式:确定供应商-确定价格-引用框架协议-下达订单-组织生产-交付-定期对账-签署结算合同-发票付款。对账、发起结算合同要求至少每季度一次
工作流程	组织结构和分工参照《采购工作流程》

9.5　项目收益及数据对决策的支撑

9.5.1　信息化系统取得效果及收益

1. 实现公平竞争与阳光采购

建立科学的线上采购寻源准入管理机制,从源头上保证供应商网络的健康发展提高整个供应链的协作。信息化系统作为数字采购规范执行平台,线上询价、比价不仅可以实现供应商间的公平竞争,从中获得直接的价值收益,同时可以监控企业内采购流程实施,实现内部采购统一、规范、透明,最终完成公开、公正、公平的内外部采购环境打造。

2. 实现供应商数字化一体管控

业务一体化管理。通过业务流程梳理及信息化系统支撑,供应商管理与采购业务进行集成与贯通,将原来各部门分散管理向集约统筹转变,促进组织转型,强化各部门协同及供应商与企业协同,实现供应商一体化管控,实现内部协同效率与采购效率的同步提升。

量化管理。该系统提供由采购需求、商务合同、采购订单、实物入库全周期的业务数据,实时管控采购各个环节进展是否启动、是否按时,及时发现并预估风险。图9-1展示了采购量化管理的案例。

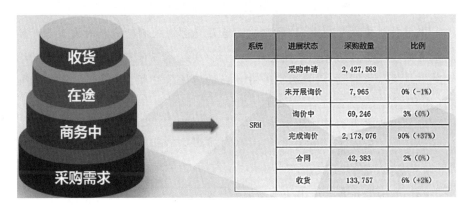

系统	进展状态	采购数量	比例
SRM	采购申请	2,427,563	
	未开展询价	7,965	0%（-1%）
	询价中	69,246	3%（0%）
	完成询价	2,173,076	90%（+37%）
	合同	42,383	2%（0%）
	收货	133,757	6%（+2%）

图9-1 采购的数字化展示

3. 实现内外部采购成本压缩

通过电子信息系统可以对企业的所有采购资源进行重新整合,实现采购过程的全程管理,从采购寻源、采购订单申请到付款的整个过程管理,达成供应商一体化数字化管控目标,大幅提升协同效率同时,全面降低供应链节点企业的运作管理成本和库存持有成本,降低采购过程管理成本。据统计,国际先进企业的采购订单下达周期一般在4个小时内,而很多企业的订单下达周期达2个月甚至更多。这个过程包括需求审批、价格审批、合同审批等一系列串行流程,涉及一堆相关人员及相关领导审批。有些企业甚至一年组织两次集中采购,商务等待时间太长。系统数据流驱动采购业务,实现电子交易,经过阶段性的数据积累可为差异化制订采购策略提供数据支持,最终实现采购成本显著降低。

4. 实现绩效指标量化

在工作完成时使用直接的标准量化供应商绩效,有助于在数据与决策之间建立一个清晰的联系,避免抓取过多决策者不需要的数据信息。信息化系统使对于供应商实际绩效的全程实时跟踪变得更加容易,且绩效的可见性更高,随着订单的交付,企业便可以跟踪质量、数量、交货、价格与服务目标及其他条款信息。通过在信息系统中固化供应商绩效指标算法并根据企业个性需求制订供应商绩效考评模板即可一键输出、分享供应商绩效结果。

【案例 16】 ·—·—·—·—·—·—·—·—·—·—·—·—·—·—·—·—·—·—·—·

供应商绩效很大程度上受内部采购人员绩效影响

某单位供应商管理部门,对供应商当月交付绩效例行分析时发现,17 家供应商连续三个月的按需采购达成率小于 60%,承诺采购达成率小于 80%。于是组织执行采购、物料计划员等对数据进行逐条分析,识别出 6 类常见问题(图 9－2):

(1)供应商内部资源冲突;

(2)二次供应商问题;

(3)供应商生产过程质量问题;

(4)需方图纸或技术要求变更;

(5)需方原材料提供推迟;

(6)其他问题。

并逐条与供应商确认,发现由于执行采购人员的原因造成订单交付推迟占比为 64.1%,因为供应商的原因造成订单交付推迟占比为 25.4%,其他原因占比 10.5%。结论显而易见,执行采购的绩效对供应商的绩效影响较大。

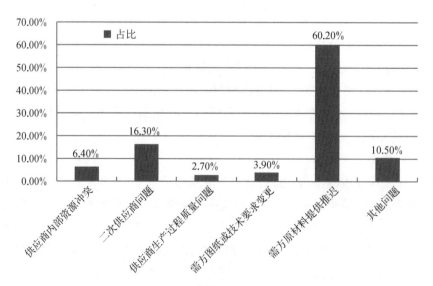

图 9－2　订单推迟交付原因占比

　　基于此,强化对采购团队的绩效管理,通过建立量化的绩效考核指标,对采购团队负责人及采购人员进行系统考核,供应商绩效表现是采购人员的重要KPI指标。该企业采取了两个措施来实现。

　　(1) 建立采购团队负责人的KPI(表9-4),按照年度对采购管理人员进行考核。

　　考核指标项目包括采购部门工作规划及管理制度完善、供应商交付绩效、采购成本控制、采购供应及物料使用监控、单一来源采购占比、知识、技能与品质及日常工作管理等7个方面。

　　评价方式及评分标准。该评价表采取先本人进行自我评价得分、同事评价得分,然后取均值,再将每项得分进行合并汇总,得到该采购团队负责人得分;评分标准分为有具体指标的按照指标打分,没有具体评分标准的,按照如下计分:优秀95%~100%、良好80%~94%、一般60%~79%、较差40%~59%、很差40%以下。

表9-4　采购团队负责人KPI

被考评对象		部门		职　务	
考评负责人				填表时间	
考核项目	细分指标/关键指标	权重(分)	指标具体内容及定义		
采购部门工作规划及管理制度完善	采购计划合理性与可行性	5	阶段性采购计划的合理性及其可行性(例如物料需求计划、采购计划、物料发放计划的合理性等),且得到领导认可		
	采购制度落实、执行情况	10	采购管理相关制度与流程的了解和落实情况,例如采购管理制度及流程了解、按照规章和流程执行工作等		
供应商交付绩效	采购计划累计达成率	10	达成率=实际完成采购订单行数÷计划采购订单数量×100%		
	及时到货率	15	采购及时到货率=准时到货订单行数÷采购总订单行数×100%		
	采购质量合格率	5	合格率=合格采购订单行数÷采购总订单数×100%		
	归零数量	5	归零质量问题每项扣3分,最多扣5分		

考核项目	细分指标/关键指标	权重（分）	指标具体内容及定义
采购成本控制	物料成本达成情况	10	采购价格与同类产品价格比较： (1) 具备明显价格优势，得10分 (2) 基本持平，得5分 (3) 高于同类产品，得0分
采购供应及物料使用监控	物料供给及时率	10	供给及时率＝准时发放批次÷总发放次数×100%
	物料供给及监管灵活度	5	根据计划部门反馈的实际情况适当调整物料的采购计划
单一来源采购占比	单一供应商情况	5	负责采购品类内单一供应商占比＝发生采购业务的单一供应商数量÷发生采购业务的供应商总数×100%
知识、技能与品质	知识与技能	5	必须具备的知识（基础知识、业务知识、关联知识）及技能水平（分析判断能力、沟通能力、问题解决能力、团队合作精神以及协调性）
	愿望与态度	5	主要指组织要求的通用类素质（可根据自我需求进行调整），例如创新与改善能力、诚信正直、责任感、纪律性、工作热情、服务态度等
日常工作管理	廉洁采购	5	按照道德采购规范进行采购活动
	采购商务周期	3	采购商务周期是否符合组织管理要求
	其他日常工作	2	组织统一开展的活动或要求的事项是否按时完成

（2）编写采购运营月度考核实施细则，纳入月度考核。

设定采购订单按时完成率得分（C4），计算规则为

C4 计算公式：$C4 = (G3 \times 0.2 + D3 \times 0.5 + L3 \times 0.2 + H3 \times 0.1) \times 10$

$D3$、$G3$、$H3$：考核区间上月 26 日至本月 25 日

$L3$：考核区间本年度 1 月 1 日至本月 25 日

采购单 C4，由采购申请当月按时完成率系数 $G3$，采购单当月按时完成率系数 $D3$，累计完成率系数 $L3$，结算合同按时签订率系数 $H3$，按权重累加，

权重分别占 20%、50%、20% 和 10% 的比例,考核系数 G3、D3、L3、H3 和节点完成率的换算关系见表 9-5。

表 9-5 考核系数和节点完成率的对应关系表

节点完成率	考核系数
95%<完成率≤100%	1.03
85%<完成率≤95%	1
75%<完成率≤85%	0.95
65%<完成率≤75%	0.9
55%<完成率≤65%	0.85
完成率≤55%	0.8

G3 表示采购申请当月按时完成率系数=符合目标周期的采购申请行数／当月创建采购订单对应的采购申请行数。

(a) 采购申请完成目标周期:

目标周期 7 天:推送至 SRM—引用价格体系—引用框架协议—创建 PO

目标周期 14 天:推送至 SRM—非引用价格体系—引用框架协议—创建 PO

(b) 数据来源:SAP 采购订单跟踪报表(zha005-04)根据字段 PO 创建时间抓取当月创建采购订单对应的采购申请行数,在 SRM 中采购申请跟踪报表中抓取相应采购申请行的 SRM 接收申请时间计算商务周期,筛选出符合目标周期的采购申请行数,使用公式计算出采购申请当月按时完成率系数(G3)。

D3 表示采购单当月按时完成率系数=当月按时入库的采购订单行数／当月应入库的采购订单行数。

数据来源:SAP 采购申请报表(zmmr004)根据字段 PR 计划交货日期筛选当月应入库的采购订单行数,再根据字段 PO 交货时间筛选出当月按时入库的采购订单行数,使用公式计算出采购单当月按时完成率系数(D3)。

L3 表示累计完成率系数=本年度 1 月 1 日至当月已入库的采购订单行数／本年度 1 月 1 日至当月应入库的采购订单行数。

数据来源:SAP 采购申请报表(zmmr004)根据字段 PR 计划交货日期筛选本年度 1 月 1 日至当月应入库的采购订单行数,再根据字段 PO 交货时间筛选出已入库的采购订单行数,使用公式计算出累计完成率系数(L3)。

H3 表示结算合同按时签订率＝在当月应签范围内已完成结算合同签署的采购订单行数/当月应签署结算合同的采购订单行数。

（a）目标周期。

目标周期 90 天：PO 入库—结算合同签署完成。

（b）数据来源。

SAP 采购申请跟踪报表（zmmr004），根据字段 PO 入库时间筛选出考核时间段应签署结算合同对应的采购订单行数，根据 SRM 采购订单跟踪报表的结算合同签署完成时间，筛选出当月应签范围内已完成结算合同签署的采购订单行数，使用公式计算结算合同按时签订率（H3）。

经过三个月运营之后，供应商采购订单达成率提升了 60%，供应商交付绩效得到持续改善。

9.5.2 数据对决策的支撑

建立供应商数据库，涵盖所有过去使用过的供应商信息。包括，报价信息、投标信息、合格供应商和优选供应商名录、供应商的订单合同信息等。对采购数据的整合、整理和分析。准确、完整的信息是企业使用和决策的基础。

1. 对采购策略的支撑

采购策略作为业务执行的指导建议，是需要具备预测性和规范性的。通过信息化的系统可以简化、管理、储存采购数据。根据采购策略制订的需求任意调取或进行扩展分析。经过数据集成及分析，采购策略的颗粒度甚至可以细化至每一种物料，采购策略再也不是指导性意见，而是真正能落实到采购业务运营中。

2. 供应商绩效的持续改善

利用历史数据结合绩效模型，生成绩效报告和绩效考核结果。结合供应品类和供应商绩效来确定供应商的关系价值。

3. 对于采购流程优化的支撑

烦琐的流程环节会增加企业采购运营管理成本，降低工作效率，但是过于简略的采购流程容易造成过程监管失控，给企业带来损失。因此在设置采购流程时需要关注流程环节与采购数量、品类、价值相匹配，并在流程作业的关键设置监控点。信息化系统不仅可以为采购流程设计提供数据支持同时能为流程监控提供技术支持。除此之外,信息化系统可以对现行的采购流程时效性进行分析,识别导致采购业务迟缓的流程点,精准定位问题,不断改进,促进采购流程可适应当前的业务实际需要。

【案例17】 ━━━━━━━━━━━━━━━━━━━━━━━━━━━━━━━━━━━━

采购运营数据促进采购流程优化

某企业供应商管理部门例行发布了年度采购运营报告,对采购业务流程关键阶段时长分布进行了统计,如图 9-3 所示,跨越 ERP、SRM、BPM 3 个信息化系统,嵌入价格审批 5 个审批节点、合同审批 5 个节点,累计商务周期高达 59 天;也就是说给供应商下达采购订单需要 2 个月的时间,相当于吃掉了供应商的生产周期,影响采购订单达成率(2020 年采购订单达成率63%)。物料采购商务阶段周期长,下单效率低,直接影响供应商交货周期。为提升物料采购效率,提升集成供应链精益管理水平,实施"采购流程优化"项目。

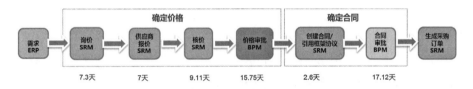

图 9-3 采购业务流程关键节点时长统计

1. 设定改进目标及指标

本项目精益改善目标为:通过优化流程设置,挖掘执行采购能力,提高物料采购效率。

KPI:缩短商务周期70%,PR 转 PO 的时间由49 缩短至13 天。

2. 制订流程优化方案

项目组成员对采购现状进行充分的分析,确定导致商务周期长的问题节点并定位引发问题的真实原因。在这基础上开展流程优化和执行方案讨论。先后拟定 3 版流程优化方案,经过多次充分讨论后,确定最终方案并开展优化。

建立并执行年度"采购价格体系+结算合同"的采购模式,将原来的串行流程优化为并行流程,将价格确定和具体每一个采购需求分离,如图 9-4 所示。

(1)通过与供应商谈判达成年度采购价格协议,并经过审批之后固化在

SRM 系统,建立年度价格体系库,并实时维护;

（2）当有采购需求时,通过自动引用年度价格体系后直接下达订单的方式取代了一单一询价及相应的价格审批流程;

（3）通过实施结算合同,将合同编制及审批流程后置。

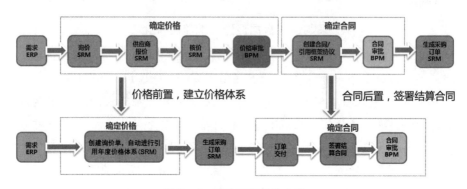

图 9-4　采购流程优化方案

3. 确定系统实施方案

根据上述采购流程优化方案,进一步明确信息化系统的改造方案。按照"尽可能减少系统更改"的原则,减少更改系统的种类,明确了 ERP 系统尽可能不更改,重点更改 SRM 和 BPM 系统,确定更改方案如下。

对于 SRM 系统:增加建设价格体系管理功能,包含价格体系单创建、价格体系库管理、查询管理;增加建设引用价格体系类型的采购流程、结算流程,合并价格审批与合同审批。

对于 BPM 系统:增加建设价格体系审批流程,优化合同审批流,减少合同审批节点,将合同串行审批改为并行审批。

4. 制订里程碑计划

流程优化专项改进,涉及采购业务模式的变化,因此在此过程中还要请相关法务部门参与业务流程变更的讨论,以确定是否合规。同时,还要 IT 部门参与讨论,流程的变化一般要涉及信息化系统的更改,讨论系统可实现的可能性、具体的信息系统改造方案。流程方案确定后,就需要讨论系统实施方案、系统开发及集成测试等,在系统上线环节,制订上线切换策略以及对用户进行培训,系统正式上线意味着采购业务流程优化才能完成。这中间涉及多个部门、多个信息化系统、多个角色参与。因此制订里程碑计划,按照项目进行管控(图 9-5)。

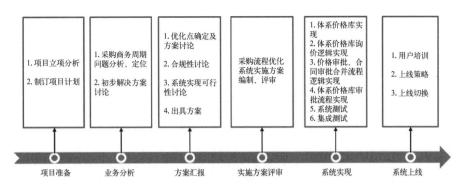

图 9-5 流程优化专项改进里程碑计划

5. 项目收益分析

通过本项目的实施,一方面通过创新管理模式实现对现有流程的优化,达到了预期目标;另一方面业务模式的变革也会促进采购人员能力获得提升,这是"采购流程优化"项目获得的额外成果。系统总结起来,有以下几个方面。

(1) 推动了业务模式变革:建立并执行"采购价格体系+结算合同"的采购模式,将采购商务活动提前,并建立年度价格体系,使得每一个采购需求可以直接引用价格体系实现向供应商下达采购订单,从而大幅压缩商务周期;通过结算合同,对订单定期结算,改变了原来合同签署方式,从而实现了订单的快速下达。

(2) 改串行流程为并行流程,优化了审签节点及顺序,避免了重复审批同一对象,优化责任界面使责任更清晰。

(3) 达到预期目标。按照项目设定的 KPI 进行统计分析,将采购订单下达的商务周期进行了详细统计:项目完成后累计下达采购 5145 单,平均商务周期 10.37 天,小于设定的 13 天的目标。部分采购需求实现了当天下达采购订单,订单下单商务周期小于 1 天的占比 12%,大幅提升了物料采购效率。

参考文献

刘宝红,2019.采购与供应链管理:一个实践者的角度[M].第 3 版.北京:机械工业出版社.

辛童,2018.采购与供应链管理:苹果、华为等供应链实践者[M].北京:化学工业出版社.

周云,2014.采购成本控制与供应商管理[M].北京:机械工业出版社.

Christian Schuh，Michael F. Strohmer，Stephen Easton，等，2016.供应商关系管理——机会与价值最大化[M].李学芸,吴江,译.北京：清华大学出版社.

P.弗雷泽·约翰逊,安娜·E.弗林,2020.采购与供应管理[M].原书第 15 版.杜丽敬,译.北京：机械工业出版社.